Andrea Schwarz / Angelo Stipinovich
Den Stern vor Augen

Gottesdienste, Gebetsmomente,
Meditationen für Advent und Weihnachten

Andrea Schwarz / Angelo Stipinovich

Den Stern vor Augen

HERDER

FREIBURG · BASEL · WIEN

2. Auflage 2001

Alle Rechte vorbehalten – Printed in Germany

© Verlag Herder Freiburg im Breisgau 2000

www.herder.de

Umschlaggestaltung: Finken & Bumiller, Stuttgart

Umschlagmotiv: Ausschnitt aus einer Illustration von Sämi Buser

Herstellung: fgb · freiburger graphische betriebe 2000

www.fgb.de

Gedruckt auf umweltfreundlichem, chlorfrei gebleichtem Papier

ISBN 3-451-27336-5

Nur einen Stern vor Augen
mache ich mich
auf den Weg

und ich weiß nicht
wo ich
ankommen werde

Wir möchten dieses Buch
all unseren Freunden widmen,
die diese Wege mit uns gehen,
die uns tragen und halten,
und die uns die Sicherheit schenken,
um aufbrechen zu können.

Vorwort

Lieber Leser, liebe Leserin,

die Advents- und Weihnachtszeit gehört für uns – und da sind wir uns vollkommen einig – mit zu der schönsten Zeit im Kirchenjahr! Es ist ein ganz besonderer Zauber, der diese Wochen umgibt: Die Rorate-Ämter in unseren Kirchen und das Kerzenlicht, die Geheimniskrämerei um Geschenke und Weihnachtstexte, der Christbaum und Freunde, die zu Besuch sind, der Duft von Plätzchen und Apfelsinen, Briefe und Päckchen, die Texte der Lesungen, die in den Gottesdiensten in diesen Wochen gelesen werden – und schließlich die Botschaft von Weihnachten: Gott wird Mensch!

Für Mitarbeiter in den Gemeinden, seien sie nun ehren- oder hauptamtlich tätig, sind diese Wochen aber oft genug nicht nur von Freude und Zauber geprägt, sondern auch von Arbeit und manchmal sogar von Streß. Eine Adventsfeier jagt die andere, ein liturgischer Höhepunkt folgt dem anderen, der Impuls in der Pfarrgemeinderatssitzung soll adventlich und doch auch irgendwie neu und originell sein – und dann kann es schon mal passieren, daß einem zwischendrin der Atem und die Ideen ausgehen. Da hat man seine ganze Kraft in die Predigtreihe hineingegeben – und jetzt steht noch der Bußgottesdienst an. Und bei der Vorbereitung der Kinderchristmette und der Weihnachtsgottesdienste ist wieder mal die Vesper zu kurz gekommen, obwohl man sich doch vorgenommen hatte...

In unserer pastoralen Arbeit in zwei Pfarrgemeinden in Viernheim geht es uns nicht anders als allen anderen, die sich in Gemeinden engagieren – und dankbar greifen auch wir immer wieder auf Erfahrungen und Ideen von Freunden oder Kollegen zurück, nehmen dort einen Text heraus, verwenden da eine Meditation, die eben nicht selbstgeschrieben ist, setzen eine Idee auf unsere Situation um. Man kann nicht jedesmal das Rad ganz alleine neu erfinden wollen.

Als uns der Herder Verlag anfragte, ob wir nicht so eine Art »Ideenbuch für Praktiker« machen wollten, haben wir einen Moment gezögert. Soviel Neues hatten wir nach drei Jahren der Zusammenarbeit in den Pfarrgemeinden von Freimersheim und St. Hildegard und St. Michael in Viernheim nun wirklich noch nicht zu bieten. Aber – da gibt es doch Freunde, die auch schon seit Jahren in ihren Gemeinden die Advents- und Weihnachtszeit zu gestalten versuchen. Wenn man die fragen würde? Und wenn die Ideen und Anregungen aus ganz verschiedenen Ecken zusammengetragen werden würden?

Der Verlag war mit dieser Idee einverstanden – und so entstand dieses Buch: Liedmeditationen aus Freiburg-Munzingen und Predigten aus Leinach, ein Bußgottesdienst aus Viernheim und eine Meditation von Pater Benedikt vom Kloster Jakobsberg, konkrete Aktionen, die wir hier in Viernheim vorgefunden haben, und Kurzimpulse aus den Exerzitien im Alltag, die wir hier letztes Jahr durchgeführt haben.

Es ist eine bunte Mischung geworden – und genau das soll es sein! Es ist eine Material- und Ideensammlung von Praktikern für Praktiker, manches nur angerissen, anderes ausführlich dokumentiert. Aus unserer Erfahrung wissen wir: Manchmal reicht eine Idee, ein Text, ein Hinweis, um daraus für die eigene Situation vor Ort wiederum etwas gestalten zu können. Als eine solche Fundgrube, als einen solchen »Steinbruch«, aus dem sich jeder das herausnimmt, was er oder sie brauchen kann, wollen wir dieses Buch verstanden wissen.

Und doch wollen wir zugleich auch mehr – wir möchten mit diesem Buch zugleich einladen, sich ganz persönlich mit der Botschaft des Weihnachtsfestes auseinanderzusetzen, auch wenn Sie keinen Impuls für den Pfarrgemeinderat gestalten müssen und keinen Text für Ihren Weihnachtsbrief suchen. Es soll auch ein Lesebuch sein für all diejenigen, die sich in diesen Tagen und Wochen berühren lassen wollen von der Botschaft des Festes und sich darauf vorbereiten wollen. Sie werden zwar keinen Bußgottesdienst in ihrer Gemeinde gestalten müssen – und es mag trotzdem sein, daß manche Besinnungsfragen treffen und ins Nachdenken bringen.

Dort, wo beides zusammenkommt, ist der Zweck dieses Buches optimal erfüllt – sich persönlich von dem einen oder anderen Gedanken betreffen zu lassen und die eine oder andere Idee in der eigenen Gemeinde umsetzen zu können.

So erklärt sich auch der Aufbau dieses Buches. Im 1. Kapitel sind Kurzimpulse zusammengestellt, gedacht für die persönliche Meditation, aber auch durchaus einsetzbar als Impuls für den Beginn einer Sitzung, als Elemente eines Gottesdienstes oder gar eines thematischen Abends. Meditationen, eher im herkömmlichen Sinn, finden Sie im 2. Kapitel. Von vier ganz praktischen Aktionen erzählt das 3. Kapitel und will damit zum Nachmachen anstiften. Das 4. Kapitel ist ein Bußgottesdienst, den wir letztes Jahr in Viernheim, St. Michael, gefeiert haben – und im 5. Kapitel haben wir Predigten zur Advents- und Weihnachtszeit zusammengestellt, die wiederum Idee und Grundlage sein können für eigene Predigten oder Impulse, die aber auch für die persönliche Besinnung auf das Fest geeignet sind. Im 6. Kapitel finden Sie schließlich noch ein Grobraster für eine thematisch ausgerichtete adventliche Gottesdienstreihe sowie einen Vorschlag zur Gestaltung der Weihnachtsvesper.

Seltenst wird eine Idee, eine Gestaltungsmöglichkeit genauso zu übernehmen sein – aber da vertrauen wir auch auf die Kompetenz und Professionalität derer, die mit diesem Buch arbeiten. Sie wissen am besten, was Ihren Gemeinden gut tut, was man so lassen kann und was geändert werden muß. Von uns her sind alle Ideen zur Gestaltung und Verwendung »freigegeben«, die Bilder dürfen für den eigenen Gebrauch fotokopiert werden, für die Verwendung in der Öffentlichkeit geben wir Bestelladressen an (sofern wir sie herausgefunden haben). Bei Texten anderer Autoren möchten wir Sie einfach bitten, die Urheberrechte im Blick zu behalten, d.h. wenn man Texte übernimmt, die Quelle anzugeben – und wenn man mit dem, was man damit macht, Geld einnimmt, sich mit dem Verlag in Verbindung zu setzen.

Danken möchten wir allen Freunden und Kollegen und Kolleginnen, die dazu beigetragen haben, daß das Buch in dieser Buntheit und Farbigkeit entstehen konnte. Und bedanken möchten wir uns auch bei dem Schreibbüro Stauffert in Viernheim, das trotz zweimaligen Blitzeinschlages in ihre gesamte Computeranlage während der Manuskripterstellung uns professionell und zuverlässig bei den Schreibarbeiten unterstützt hat.

Wir wünschen Ihnen und uns, daß in diesem Buch die eine oder andere Idee verborgen sein mag, die Sie persönlich berührt, oder daß Sie etwas darin finden, was Sie in Ihrer konkreten Situation vor Ort einsetzen können – um dadurch selbst wieder ein bißchen freier zu werden, sich berühren zu lassen.

Viernheim, am Fest der Verklärung des Herrn, dem 6. August 2000

ANDREA SCHWARZ / PFR. ANGELO STIPINOVICH

Inhalt

1. KAPITEL

Kurzimpulse zu Advent und Weihnachten

Diese Kurzimpulse sind gedacht zur persönlichen Meditation, sind aber auch durchaus geeignet als Impulse zum Beginn einer Sitzung oder als Element in einem Gottesdienst.

Wach sein

Wach sein! So lautet die Mahnung des Advents. Wachsam sein – das ist der Schlüssel für die kommenden Tage und Wochen. Nur wer wach ist, bekommt mit, was um ihn herum passiert – und nur der kann entsprechend reagieren. Manche haben den Zeitpunkt, wenn es auf etwas angekommen ist, auch schon mal verschlafen.

Seht euch also vor, und bleibt wach! Denn ihr wisst nicht, wann die Zeit da ist. Es ist wie mit einem Mann, der sein Haus verließ, um auf Reisen zu gehen. Er übertrug alle Verantwortung seinen Dienern, jedem eine bestimmte Aufgabe; dem Türhüter befahl er wachsam zu sein. Seid also wachsam! Denn ihr wisst nicht, wann der Hausherr kommt, ob am Abend oder um Mitternacht, ob beim Hahnenschrei oder erst am Morgen. Er soll euch, wenn er plötzlich kommt, nicht schlafend antreffen. Was ich aber euch sage, das sage ich allen: Seid wachsam! Mk 13,33-37

An welchem Wort, an welchem Satz bleibe ich hängen?
Was berührt etwas in mir?
Wenn ich mein Leben anschaue, bekomme ich wirklich mit, was um mich herum geschieht?
Bekomme ich mit, was in mir geschieht?
Und wie reagiere ich darauf – und wie würde ich gerne darauf reagieren?

Ein junger Mann kommt zu einem Rabbi mit der Frage:»Was kann ich tun, um die Welt zu retten?« Der Weise antwortet:»So viel, wie du dazu beitragen kannst, daß morgens die Sonne aufgeht«. –»Aber was nützen dann all meine Gebete und meine guten Taten, mein ganzes Engagement?« fragt der junge Mann.»Sie helfen Dir, wach zu sein, wenn die Sonne aufgeht«.

Rabbinische Geschichte

Eine Vision haben

Wach sein – wozu eigentlich? Die Antwort könnte ganz einfach lauten: Um die Einladung zum Fest nicht zu überhören, die Einladung zum Fest des Lebens, das uns zugesagt ist.

Am Ende der Tage wird es geschehen: Der Berg mit dem Haus des Herrn steht fest gegründet als höchster der Berge; er überragt alle Hügel. Zu ihm strömen alle Völker. Viele Nationen machen sich auf den Weg; sie sagen: Kommt, wir ziehen hinauf zum Berg des Herrn und zum Haus des Gottes Jakobs. Er zeige uns seine Wege, auf seinen Pfaden wollen wir gehen. Denn von Zion kommt die Weisung des Herrn, aus Jerusalem sein Wort. Er spricht Recht im Streit der Völker, er weist viele Nationen zurecht. Dann schmieden sie Pflugscharen aus ihren Schwertern und Winzermesser aus ihren Lanzen. Man zieht nicht mehr das Schwert, Volk gegen Volk, und übt nicht mehr für den Krieg. Ihr vom Haus Jakob, kommt, wir wollen unsere Wege gehen im Licht des Herrn Jes 2,2-5

Eine Vision – sicher. Visionen sind Bilder einer anderen Wirklichkeit. Visionen sind keine billigen Träumereien, mit denen ich am Leben vorbeilebe – es sind kraftvolle Entwürfe dessen, was sein könnte und was eines Tages sein wird. Es sind Bilder, die in mir eine Sehnsucht erzeugen – und die mir zugleich die Kraft geben, mich auf eine solche Vision hin auszurichten, meine Schritte heute und hier in diese Richtung zu lenken.»Ein Volk ohne Vision geht zugrunde«, so übersetzt Dorothee Sölle einen Vers aus dem Alten Testament. Ein Sprichwort sagt es so:»Wer nicht weiß, wo er hin will, für den ist kein Wind der rechte«.

Glaube ich noch an diese andere Wirklichkeit – oder habe ich mich mit der Realität schon abgefunden?

Welches Bild einer anderen Wirklichkeit trägt mich so, daß es mir heute Kraft gibt, mein Herz daraufhin auszurichten?

Wenn ich meine Vision malen würde – welche Farben hätte sie? Und was würde ich zeichnen?

Adventrede

Und die Bewegtheit des Herrn ist ohne Groll und von großer Dauer.
Und seine Gerechtigkeit hört nicht auf, und seine Güte bleibt ewig.
Und darum entfernen wir gern die Bitterkeit, wie ein enges Gewand.
Und die Trauer legen wir ab, wie einen Mantel im Frühling.

Und mit viel Sorgfalt nehmen wir die Einsamkeit von unserer Stirn.
Und wir weisen unsere Aufmerksamkeit hin zu den einfachen Dingen.
Und wir verlassen uns auf das Dach, das keinen Regen durchlässt.
Und wir vertrauen dem Stuhl, der fest steht, und der uns trägt.

Und es kommen wieder zu uns die täglichen Wiesen und die Sonntage.
Und die Salamander mit den seidenen Strümpfen und goldenen Hemden.
Und auch die Lämmer und die Zicklein... meine gnädigen Freunde.

Und die Lieder der Hirten... und die Gebete der erwachenden Frauen.
Und es brechen die Tore auf... und es treten hervor die Erkennbaren.
Und sie stehen makellos da... und sie breiten ihre Flügel aus.

Jesse Thoor

Der Sehnsucht trauen

Visionen mag man lange im Herzen tragen, ohne daß sich dadurch irgendwas im eigenen Alltag verändert. Wenn man aber wach ist, dann kann einen mitten im Alltag ein Wort treffen, dann kann eine Begegnung alles verändern – dann wird mitten in meinem Tun meine Sehnsucht berührt und lässt mich aufbrechen, mitgehen, nachfolgen.

Als Jesus am See von Galiläa entlangging, sah er zwei Brüder, Simon, genannt Petrus, und seinen Bruder Andreas; sie warfen gerade ihr Netz in den See, denn sie waren Fischer. Da sagte er zu ihnen: Kommt her, folgt mir nach! Ich werde euch zu Menschenfischern machen. Sofort ließen sie ihre Netze liegen und folgten ihm. Als er weiterging, sah er zwei andere Brüder, Jakobus, den Sohn des Zebedäus, und seinen Bruder Johannes; sie waren mit ihrem Vater Zebedäus im Boot und richteten ihre Netze her. Er rief sie, und sogleich verließen sie das Boot und ihren Vater und folgten Jesus.

Mt 4,18-22

Schon radikal, dieser Text... mitten beim Arbeiten kommt da so ein Fremder daher und sagt »komm!« – und Andreas und Petrus, Jakobus und Johannes, lassen alles stehen und liegen – und gehen mit. Sie lassen den Vater, das Boot, die Netze zurück, räumen nicht mal auf... – wie groß muß ihre Sehnsucht gewesen sein – und was für ein Mensch muß dieser Jesus gewesen sein ...

Ein junger Jude kommt zu einem Rabbi und sagt: »Ich möchte gerne dein Jünger werden«. Da antwortete der Rabbi: »Gut, das kannst du, aber ich habe eine Bedingung. Du musst mir eine Frage beantworten. Liebst du Gott?« Da wurde der Schüler traurig und nachdenklich. Dann sagte er: »Eigentlich, lieben – das kann ich nicht behaupten...«.

Der Rabbi sagte freundlich: »Gut, wenn du Gott nicht liebst, hast du Sehnsucht danach, ihn zu lieben?« Der Schüler überlegte eine Weile und erklärte dann: »Manchmal spür ich die Sehnsucht danach, ihn zu lieben, recht deutlich, aber meistens habe ich soviel zu tun, daß diese Sehnsucht im Alltag untergeht«.

Da zögerte der Rabbi und sagte dann: »Wenn du die Sehnsucht, Gott zu lieben, nicht so deutlich verspürst, hast du dann Sehnsucht danach, Sehnsucht zu haben, Gott zu lieben?«

Da hellte sich das Gesicht des Schülers auf, und er sagte: »Genau das habe ich. Ich sehne mich danach, diese Sehnsucht zu haben, Gott zu lieben«.

Der Rabbi entgegnete: »Das genügt. Du bist auf dem Weg«.

Quelle unbekannt

Julia

Wenn ich mich in den Einkaufsstraßen, in den Büros, im Bus umschaue
– wonach sehnen sich die Menschen? Was machen sie mit ihrer Sehnsucht?
Was wird den Menschen als Erfüllung ihrer Sehnsucht angeboten?
Wonach sehne ich mich? Und was mache ich damit?
Welche Namen hat meine Sehnsucht? Und kommt Gott dabei vor?
An wen oder was habe ich meine Sehnsucht verkauft?

Worauf möchte ich am heutigen Tag achten?

Musik / Gebet / Segen

Getrost sein ...

Der Prophet Jesaja spricht seine Worte in eine dunkle Situation der Menschen hinein: Das Volk ist aus seiner Heimat vertrieben worden und befindet sich im Exil in Babylon. Nur auf diesem Hintergrund kann man wohl die Tiefe und die Schönheit der Zusage Gottes, die in diesen Prophetenworten zum Ausdruck kommt, richtig deuten und verstehen.

Tröstet, tröstet mein Volk, spricht euer Gott. Redet Jerusalem zu Herzen
und verkündet der Stadt, daß ihr Frondienst zu Ende geht, daß ihre Schuld
beglichen ist; denn sie hat die volle Strafe erlitten von der Hand des Herrn
für alle ihre Sünden.
* Eine Stimme ruft: Bahnt für den Herrn einen Weg durch die Wüste!*
Baut in der Steppe eine ebene Straße für unseren Gott! Jedes Tal soll sich
heben, jeder Berg und Hügel sich senken. Was krumm ist, soll gerade
werden, und was hüglig ist, werde eben. Dann offenbart sich die
Herrlichkeit des Herrn, alle Sterblichen werden sie sehen. Ja, der Mund des
Herrn hat gesprochen. Steig auf einen hohen Berg, Zion, du Botin der
Freude! Erheb deine Stimme mit Macht, Jerusalem, du Botin der Freude!
Erheb deine Stimme, fürchte dich nicht! Sage den Städten in Juda: Seht, da
ist euer Gott. Seht, Gott, der Herr, kommt mit Macht, er herrscht mit
starkem Arm. Seht, er bringt seinen Siegespreis mit: Alle, die er gewonnen
hat, gehen vor ihm her. Wie ein Hirt führt er seine Herde zur Weide, er
sammelt sie mit starker Hand. Die Lämmer trägt er auf dem Arm, die
Mutterschafe führt er behutsam.   Jes 40,1-5.9-11

Gottes auserwähltem Volk wird das Leid nicht erspart – so wie auch unser christlicher Glaube uns nicht vor Leid und Unglück, Krankheit und Tod bewahrt. Die Dunkelheiten unseres Lebens gehören zum Mensch-Sein unabdingbar dazu. Der Unterschied zu denen, die nicht an einen Gott glauben, liegt aber in der Hoffnung und in der Zusage, daß es etwas gibt, was all das Leid und alle Dunkelheit übersteigt. Und der Unterschied liegt darin, daß Gott auf unsere Dunkelheiten schaut – daß Jesus sich denen zuwendet, die im Dunkeln sind. Gott wird alle Tränen abwischen (Offb 21,4a) – aber er wird nicht verhindern können, daß wir weinen.

In all meinem Leid,
in all meinem Unglück,
ich darf mich
in Gottes
Hand
geben.

Bild:
Walter
Habdank

Suchen und finden ...

Jesus fragt seine Jünger:

Was meint ihr? Wenn jemand hundert Schafe hat und eines von ihnen sich verirrt, lässt er dann nicht die neunundneunzig auf den Bergen zurück und sucht das verirrte? Und wenn er es findet – amen, ich sage euch: er freut sich über das eine mehr als über die neunundneunzig, die sich nicht verirrt haben. So will auch euer himmlischer Vater nicht, daß einer von diesen Kleinen verloren geht.   Mt 18,12-14

Gott geht mir nach – er sucht mich.
Bin ich überhaupt bereit, mich finden zu lassen?
Und wen oder was suche ich?

Wir können Gott mit dem Verstand suchen,
aber finden können wir ihn nur mit dem Herzen.

Quelle unbekannt

Anregung:
Nehmen Sie sich ein Blatt Papier und machen Sie zwölf kleine Zettel daraus. Bitte schreiben Sie auf die Zettel jeweils eines der folgenden Wörter: Gott, du, ich, er/sie/es, wir, suchen, finden, lassen, sicher, vielleicht, und, oder. Bitte gestalten Sie jetzt aus diesen Worten einen Text, der für Sie stimmt, indem Sie die Wörter solange hin und her schieben, bis sie für Sie passen. Dabei dürfen die Wörter konjugiert und dekliniert werden: es kann aus »du« »dir« oder »dich« werden, aus »suchen« »ich suche«. Sie können Wörter mehrfach verwenden – und sollte Ihnen ganz dringend ein Wort fehlen, können Sie es auch ergänzen. Wenn der Text für Sie dann so stimmt, wie er vor Ihnen liegt, schreiben Sie ihn nochmal ganz ab.

Wachsen ...

Immer wieder begegnen wir in diesen Tagen des Advents den Visionen der neuen Welt. Sie wollen Kraft geben, um sich auf den Weg zu machen, der eigenen Sehnsucht zu trauen, selbst auf Gott hin zu wachsen. In die

Wüsten in mir, in die Wüsten meines Lebens, werden Bäume gepflanzt –
und sie werden Wurzeln schlagen – und sie werden wachsen …

*Ich, der Herr, will sie erhören, ich, der Gott Israels, verlasse sie nicht. Auf
den kahlen Hügeln lasse ich Ströme hervorbrechen und Quellen inmitten
der Täler. Ich mache die Wüste zum Teich und das ausgetrocknete Land
zur Oase. In der Wüste pflanze ich Zedern, Akazien, Ölbäume und Myr-
ten. In die Steppe setze ich Zypressen, Platanen und auch Eschen. Dann
werden alle sehen und erkennen, begreifen und verstehen, daß die Hand
des Herrn das alles gemacht hat, daß der Heilige Israels es erschaffen hat.*

Jes 41,17b-20

Das Leben in uns und in anderen will wachsen und reifen für den, der es
uns geschenkt hat.

Für ein Kind

Ich habe gebetet. So nimm von der Sonne und geh.
Die Bäume werden belaubt sein.
Ich habe den Blüten gesagt, sie mögen dich schmücken.

Kommst du zum Strom, da wartet ein Fährmann.
Zur Nacht läutet sein Herz übers Wasser.
Sein Boot hat goldene Planken, das trägt dich.

Die Ufer werden bewohnt sein.
Ich habe den Menschen gesagt, sie mögen dich lieben.
Es wird dir einer begegnen, der hat mich gehört.

Günter Bruno Fuchs

Vielleicht könnten Sie heute einmal sehr bewusst für einen Menschen beten, der Ihnen am Herzen liegt – auch tagsüber immer wieder einmal... –
daß auch in ihm, in ihr, die Hoffnung Wurzeln schlagen möge, die Sehnsucht wachsen möge. Martin Luther hat gesagt:»Für einen Menschen zu
beten, heißt, einen Engel bei ihm vorbeizuschicken«.

Wer...ich?

In den letzten Tagen vor Weihnachten wollen uns die Schrifttexte in besonderer Weise auf das Fest vorbereiten, indem sie das Geheimnis des Festes umkreisen, aufgreifen, umspielen. So auch mit dem Stammbaum Jesu. Beim flüchtigen Lesen wirkt er langweilig – und doch hat es der Stammbaum in sich. Ob Ihnen beim Lesen wohl etwas auffällt?

Stammbaum Jesu Christi, des Sohnes Davids, des Sohnes Abrahams:
Abraham war der Vater von Isaak, Isaak von Jakob, Jakob von Juda
und seinen Brüdern. Juda war der Vater von Perez und Serach; ihre Mutter
war Tamar. Perez war der Vater von Hezron, Hezron von Aram, Aram von
Amminadab, Amminadab von Nachschon, Nachschon von Salmon. Sal-
mon war der Vater von Boas; dessen Mutter war Rahab. Boas war der Va-
ter von Obed; dessen Mutter war Rut. Obed war der Vater von Isai. Isai der
Vater des Königs David. David war der Vater von Salomo, dessen Mutter
die Frau des Urija war. Salomo war der Vater von Rehabeam, Rehabeam
von Abija, Abija von Asa, Asa von Joschafat, Joschafat von Joram, Joram
von Usija. Usija war der Vater von Jotam, Jotam von Ahas, Ahas von His-
kija, Hiskija von Manasse, Manasse von Amos, Amos von Joschija. Joschija
war der Vater von Jojachin und seinen Brüdern; das war zur Zeit der Ba-
bylonischen Gefangenschaft.
Nach der Babylonischen Gefangenschaft war Jojachin der Vater von
Schealtiel, Schealtiel von Serubbabel, Serubbabel von Abihud, Abihud von
Eljakim, Eljakim von Azor. Azor war der Vater von Zadok, Zadok von
Achim, Achim von Eliud, Eliud von Eleasar, Eleasar von Mattan, Mattan
von Jakob.
Jakob war der Vater von Josef, dem Mann Marias; von ihr wurde Jesus
geboren, der der Christus genannt wird.
Im ganzen sind es also von Abraham bis David vierzehn Generationen,
von David bis zur Babylonischen Gefangenschaft vierzehn Generationen
und von der Babylonischen Gefangenschaft bis zu Christus vierzehn Gene-
rationen.   Mt 1,1-17

Ob Ihnen etwas aufgefallen ist?
Zwei Punkte sollen herausgegriffen werden:

Der Stammbaum Jesu, mit dem das Matthäus-Evangelium sozusagen feierlich »eröffnet« wird, geht zurück bis auf Abraham, den Stammvater der Juden. Das macht deutlich, daß Jesus Jude war und in der jüdischen Geschichte und Religion aufgewachsen ist und lebte. Und manches aus den Evangelien des Neuen Testamentes ist auch nur mit diesem Hintergrund verständlich. Das Christentum hat sich aus dem Judentum heraus entwickelt – und deshalb gehört das Alte (oder wie manche sagen, das »Erste«) Testament auch zu unserer christlichen Bibel dazu. Der Rückbezug auf David will zugleich deutlich machen, daß Jesus aus einer königlichen Familie stammt.

Solche »Listen« waren bei den Juden sehr geschätzt und zur Übernahme öffentlicher Aufgaben und Würden und auch des Priesteramtes wurde ein makelloser Stammbaum von dem »Bewerber« erwartet. Entgegen der herkömmlichen Gepflogenheit, einen Stammbaum nur über die männliche Linie zu beschreiben, tauchen nun bei Matthäus fünf Frauen auf, und zwar Frauen mit einer durchaus eigenwilligen Geschichte:

Tamar war eine kanaanäische Außenseiterin, die beim Tod ihres ersten und zweiten Mannes, beides Söhne Judas, ohne Kinder geblieben war. Als Juda seiner Pflicht nicht nachkam, sie mit seinem dritten Sohn als Ehemann zu versorgen, verkleidete sie sich als Prostituierte und verführte ihn (Gen 38).

Rahab war eine wirkliche Prostituierte, die aber dem auserwählten Volk die Eroberung Jerichos möglich machte (Jos 2).

Auch Rut war eine Außenseiterin, eine Moabiterin, eine Heidin also aus dem Blick der Juden (vgl. Buch Rut).

Schließlich die Frau des Urijas, Bathseba. Mit ihr beging David Ehebruch, wegen ihr brachte er ihren Ehemann um. Aus ihrer Beziehung ging sein Sohn und Nachfolger Salomo hervor (2 Sam 11).

(zitiert nach W. Trilling)

Und schließlich Maria und die ungewöhnlichen Umstände der Geburt Jesu, von denen Matthäus anschließend berichtet.

»Gemeinsam ist allen Frauen das Ungewöhnliche und Außerordentliche – und doch: Trotz ihres fremden Blutes oder ihrer Unwürdigkeit hat sich der Plan Gottes erfüllt« (W. Trilling). Gottes Wege sind oft unerforschlich – und er geht nicht immer die geraden Wege.

Der Stammbaum Jesu umfasst Sünder und Heilige – und das gilt auch für den Fortgang der Geschichte – da ist Petrus, der den Herrn verleugnet, da ist Judas, der Verräter, der Christenverfolger Paulus. Und diese bunte Mischung gilt auch heute für unsere Kirche: Sünder und Heilige.

»Das Gefühl, man sei unwichtig und viel zu unbedeutend, um etwas zur Fortsetzung der Geschichte Jesu Christi in der Welt beizutragen, wird widerlegt durch den Stammbaum Jesu, und die Lesung dieses Stammbaumes in der Adventsliturgie hat ihren Zweck darin, uns zu sagen, daß wir Hoffnung haben dürfen für unser Geschick und daß jeder einzelne von uns wichtig ist. Die Botschaft, die uns Jesu Stammbaum vermittelt, ist Ermächtigung und Einladung zugleich«.   *Raymond E. Brown*

Wer...ich?

Und der Herr sagte: Geh!
Und ich sagte: Wer... ich?
Und Er sagte: ja, du.
Und ich sagte:
Aber ich bin noch nicht fertig;
Und es kommt noch Besuch,
und ich kann die Kinder nicht allein lassen;
und du weißt, es gibt keinen, der mich vertreten könnte.
Und Er sagte: Du übertreibst.

Wieder sagte der Herr: Geh!
Und ich sagte: Aber ich möchte auch nicht.
Und Er sagte: Ich habe dich nicht gefragt,
ob du möchtest.
Und ich sagte: Nun höre mal,
ich gehöre nicht zu den Leuten, die sich
in Auseinandersetzungen verwickeln lassen.
Im übrigen... meine Familie möchte es nicht.
Und was werden die Nachbarn denken?

Und Er sagte: Unsinn.
Und zum drittenmal sagte der Herr: Geh!
Und ich sagte: Muß ich?
Und Er sagte: Liebst du mich?
Und ich sagte: Aber sieh doch, ich habe Angst.
Die Leute werden über mich herfallen,
ja, sie werden mich in Stücke reißen;
und ich kann nicht alles allein tun.
Und Er sagte: Ja, was glaubst du denn,
wo ich sein werde?

Und der Herr sagte: Geh!
Und ich atmete tief:
Hier bin ich, sende mich.

Quelle unbekannt

Aus der Verheißung Kraft gewinnen

Wenn du ein Schiff bauen willst, so trommle nicht Männer zusammen, um Holz zu beschaffen, Werkzeuge vorzubereiten, Aufgaben zu vergeben und die Arbeit einzuteilen, sondern lehre die Männer die Sehnsucht nach dem weiten, endlosen Meer.

Saint-Exupéry

Immer dann, wenn mir etwas Schönes und Spannendes versprochen, etwas zugesagt wird, erwacht in mir die Sehnsucht danach, wächst in mir die Kraft, daraufhin zu leben. Deswegen ist es ja oft auch so schlimm, nicht nur für Kinder, wenn ihnen etwas versprochen wurde, was dann nicht gehalten wird.

Das Volk Israel hat in seiner oft schlimmen Geschichte, beim endlosen Marsch durch die Wüste, in der Gefangenschaft, in Kriegszeiten, oft nur deshalb die Kraft zum Überleben gefunden, weil es den alten Verheißungen geglaubt hat.

Darum wird euch der Herr von sich aus ein Zeichen geben: Seht, die Jung-
frau wird ein Kind empfangen, sie wird einen Sohn gebären, und sie wird
ihm den Namen Immanuel (Gott mit uns) geben. 		Jes 7,10

Welche Verheißungen, welche Zusagen gibt es in meinem Leben, die mir
Kraft zum Überleben geben?

Nur eine Rose als Stütze

Ich richte mir ein Zimmer ein in der Luft
unter den Akrobaten und Vögeln:
mein Bett auf dem Trapez des Gefühls
wie ein Nest im Wind
auf der äußersten Spitze des Zweigs.

Ich kaufe mir eine Decke aus der zartesten Wolle
der sanftgescheitelten Schafe die
im Mondlicht
wie schimmernde Wolken über die feste Erde ziehn.

Ich schließe die Augen und hülle mich ein
in den Vlies der verlässlichen Tiere.
Ich will den Sand unter den kleinen Hufen spüren
und das Klicken des Riegels hören,
der die Stalltür am Abend schließt.

Aber ich liege in Vogelfedern, hoch ins Leere gewiegt.
Mir schwindelt. Ich schlafe nicht ein.
Meine Hand
greift nach einem Halt und findet
nur eine Rose als Stütze.

					Hilde Domin

Versuchen Sie einmal nicht, das Gedicht zu »verstehen«, so wie es uns im Deutschunterricht oft beigebracht wurde – versuchen Sie einfach nur, die Worte und Bilder zu fühlen und zu spüren.

Und sollten Sie heute tagsüber kurz Zeit haben, dann lesen Sie doch mal im Gotteslob das Lied Nr. 132 nach.

Von Gott berührt

Wer verliebt ist, der macht manchmal verrückte Sachen. Und wenn Gott in den Menschen verliebt ist, dann kann Unmögliches möglich werden.

Es gibt und gab immer Menschen in der Geschichte Gottes mit uns Menschen, die zu dem, was Gott mit ihnen vorhatte, ihr Ja sagen konnten. Die, die Antwort auf das Wort gefunden haben.

Maria ist und war solch ein Mensch. Deshalb ist sie ausgezeichnet unter den Frauen. Ausgezeichnet unter uns Menschen.

Maria ist offen für Gott. Offen für das Überraschende. Offen für das Noch-nie-Dagewesene. Deshalb kann sie Gott hören. Deshalb kann sie den Gottes-Sohn zur Welt bringen. Deshalb kann sie bis unterm Kreuz bei ihm aushalten.

Auf diese Offenheit kommt es an. Kann ich so offen sein, finde ich die richtige Antwort auf das Wort.

Finde ich Gott inmitten der Menschen, die meiner bedürfen.

Rainer Bareis/Paul Grostefan

Nur wer verliebt ist in diesen Gott, wer sich von Gott hat berühren lassen, der kann solche Worte sagen, singen, ja hinausrufen in die Welt und zu den Menschen, wie wir es im Evangelium hören:

Da sagte Maria:
Meine Seele preist die Größe des Herrn, und mein Geist jubelt über Gott, meinen Retter.
Denn auf die Niedrigkeit seiner Magd hat er geschaut. Siehe, von nun an preisen mich selig alle Geschlechter.
Denn der Mächtige hat Großes an mir getan, und sein Name ist heilig.
Er erbarmt sich von Geschlecht zu Geschlecht über alle, die ihn fürchten.

Er vollbringt mit seinem Arm machtvolle Taten: Er zerstreut, die im Her-
zen voll Hochmut sind;
er stürzt die Mächtigen vom Thron und erhöht die Niedrigen.
Die Hungernden beschenkt er mit seinen Gaben und lässt die Reichen leer
ausgehen.
Er nimmt sich seines Knechtes Israel an und denkt an sein Erbarmen,
das er unsern Vätern verheißen hat, Abraham und seinen Nachkommen
auf ewig.   Lk 1,46-55

Das »Magnifikat«, der Lobgesang Mariens, ist einer der schönsten und
bekanntesten Texte des Neuen Testamentes und gehört zum Gebetsschatz
der Kirche.

Vorschlag: Nehmen Sie sich ein Blatt Papier, legen es quer vor sich
und trennen es in zwei Spalten, indem Sie einen Strich ziehen. Beginnen
Sie auf der linken Seite damit, den Text abzuschreiben – und immer, wenn
Ihnen was dazu einfällt, eine Frage, ein Wort, ein Gedanke, dann schreiben
Sie ihn auf die rechte Seite. Es kann sein, daß Sie schon in der zweiten
Zeile »hängenbleiben« – das macht überhaupt nichts. Es geht nicht darum,
mit dem Text »fertig zu werden« (mit dem Text kann man gar nicht
»fertigwerden«) – es geht um eine Form des »Verkostens«, des »Nach-
spürens« ...

Ich bin da – es ist Weihnachten

Und jetzt sagt Gott uns, was er schon durch seine gnadenvolle Geburt der
Welt im ganzen gesagt hat: Ich bin da, ich bin bei dir. Ich bin deine Zeit. Ich
bin die Düsterkeit deines Alltags, warum willst du sie nicht tragen? Ich
weine deine Tränen – weine deine mit, mein Kind. Ich bin deine Freude,
fürchte nicht froh zu sein, denn seit ich geweint habe, ist Freude die wirk-
lichkeitsgemäßere Lebenshaltung als die Trauer derer, die meinen, keine
Hoffnung zu haben. Ich bin die Ausweglosigkeit deiner Wege, denn wo du
nicht mehr weiterweißt, da bist du, törichtes Kind, schon bei mir angelangt und merkst es nicht. Ich bin in deiner Angst, denn ich habe sie mitgelitten, und ich war auch nicht nach weltlicher Weise heroisch dabei. Ich
bin in dem Kerker deiner Endlichkeit, denn meine Liebe hat mich zu dei-

nem Gefangenen gemacht. Wenn die Rechnung deiner Gedanken und deiner Lebenserfahrungen nicht aufgeht, siehe, ich bin der ungelöste Rest, und ich weiß, daß er, dieser Rest, der dich zur Verzweiflung bringen will, in Wahrheit meine Liebe ist, die du noch nicht begreifst. Ich bin in deiner Not, denn ich habe sie erlitten, und sie ist jetzt verwandelt, aber nicht ausgetilgt aus meinem menschlichen Herzen ...Diese Wirklichkeit – das unbegreifliche Wunder meiner allmächtigen Liebe – habe ich unversehrt und ganz in dem kalten Stall eurer Welt untergebracht. Ich bin da. Ich gehe nicht mehr von dieser Welt weg, wenn ihr mich jetzt auch nicht seht ...Ich bin da. Es ist Weihnachten. Zündet die Kerzen an. Sie haben mehr Recht als alle Finsternis. Es ist Weihnacht, die bleibt in Ewigkeit.

Karl Rahner

Zeugnis geben

Die Feiertage sind vorbei. Manche werden froh sein darüber, daß wieder ein wenig Alltag, ein wenig »Normalität« einkehrt. Und doch haftet dieser Zeit »zwischen den Jahren«, wie sie der Volksmund nennt, etwas Besonderes an, war es schon immer eine Zeit »außerhalb der Zeit«. Jörg Zink sagt es so:

Nächte
Es ist lange her, daß die Tage des Advents Tage der Stille waren, in denen man einen inneren Weg Schritt um Schritt bedächtig ging durch die kürzer werdenden Tage und die langen Nächte auf die eine Stelle, die Krippe zu, in der man mitten in der Dunkelheit ein Mysterium empfing.

Es ist, als wäre das Heilige, das Geheimnis, verloren, überflutet von Lichtern und überlärmt von Worten, überrannt von rastloser Leere, vom Gerede über das Fest. Das Fest aber, das eine Quelle der Kraft war, ist wohl nur noch die Stunde, die anzeigt, daß die Kraft zu Ende ist.

Vielleicht sind die Wochen des Advents in der Tat verloren, jedenfalls für diese Generation oder für eine Reihe von Jahren. Für uns bleibt wohl nur, die Stille dort zu suchen, wo sie unzerstört ist: in den Tagen danach. Vielleicht entdecken wir heute eine Folge von Nächten neu, die für viele Generationen vor uns von hoher Bedeutung waren, die zwölf Nächte, deren Reihe am Christfest beginnt und auf das Fest der Erscheinung Christi hinführt. Vielleicht finden wir in ihnen noch die Stunde, in der wir allein sind mit einem Wort oder einem Bild, in der wir ein wenig vom Sinn unseres Daseins und dem Geheimnis Gottes berühren.

Jörg Zink

Vielleicht gelingt es Ihnen in diesen Tagen, diesem Geheimnis, das wir gerade gefeiert haben, ein wenig nachzuspüren, ein wenig »nachzuschmecken«. Was war das, dieses Weihnachtsfest? Was haben wir gehört, was haben wir gesehen?
Was war in diesem Jahr anders als in den anderen Jahren?
Und ist jetzt nach Weihnachten irgendwas anders als vor Weihnachten?

Was von Anfang an war, was wir gehört haben, was wir mit unseren Augen gesehen, was wir geschaut und was unsere Hände angefaßt haben, das verkünden wir: das Wort des Lebens. Denn das Leben wurde offenbar; wir haben gesehen und bezeugen und verkünden euch das ewige Leben, das beim Vater war und uns offenbart wurde. Was wir gesehen und gehört haben, das verkünden wir auch euch, damit auch ihr Gemeinschaft mit uns habt. Wir aber haben Gemeinschaft mit dem Vater und mit seinem Sohn Jesus Christus. Wir schreiben dies, damit unsere Freude vollkommen ist.

1 Joh 1,1-4

Was könnten wir bezeugen?

Es gibt Augenblicke, in denen es nicht auf Worte ankommt, sondern darauf, daß man etwas tut.

Juri Tritonow

Die Würde des Menschen

Die Kirche denkt am Fest der unschuldigen Kinder an diejenigen, die laut dem Evangelisten Matthäus damals in Bethlehem auf Befehl von König Herodes getötet wurden. Es ist sicher keine einfache Schriftstelle, die beim Lesen wohl auch eher Fragen aufwirft – aber möglicherweise ist doch eine Botschaft für uns darin verborgen?

Als die Sterndeuter wieder gegangen waren, erschien dem Josef im Traum ein Engel des Herrn und sagte: Steh auf, nimm das Kind und seine Mutter, und flieh nach Ägypten; dort bleibe, bis ich dir etwas anderes auftrage; denn Herodes wird das Kind suchen, um es zu töten. Da stand Josef in der Nacht auf und floh mit dem Kind und dessen Mutter nach Ägypten. Dort blieb er bis zum Tod des Herodes. Denn es sollte sich erfüllen, was der Herr durch den Propheten gesagt hat: Aus Ägypten habe ich meinen Sohn gerufen. Als Herodes merkte, daß ihn die Sterndeuter getäuscht hatten, wurde er sehr zornig, und er ließ in Betlehem und der ganzen Umgebung alle Knaben bis zum Alter von zwei Jahren töten, genau der Zeit entsprechend, die er von den Sterndeutern erfahren hatte. Damals erfüllte sich, was durch den Propheten Jeremia gesagt worden ist: Ein Geschrei war in Rama zu hören, lautes Weinen und Klagen: Rahel weinte um ihre Kinder und wollte sich nicht trösten lassen, denn sie waren dahin. Mt 2, 13-18

Da mordet einer kaltblütig, um seine Interessen durchzusetzen, seine Herrschaft zu sichern. Da geht einer über Leichen, weil er seine Macht mit niemandem teilen will … Ist uns das wirklich so fremd? Ist das wirklich nur eine 2000 Jahre alte Geschichte?

Oder ist das nicht auch heute Alltag in unserer Welt und in unserer Gesellschaft, daß die Würde des Menschen mit Füßen getreten wird, weil einer seine Interessen durchsetzen will, weil einer Geld machen will?

Es gibt viele Möglichkeiten, Menschen zu entwürdigen – indem ich sie klein mache, ihnen die Anerkennung verweigere, die Lebensgrundlage entziehe, sie mit Liebesentzug strafe, sie körperlich angreife … Wann habe ich Menschen ihre Würde genommen, nur um meine eigenen Interessen durchzusetzen?

Die Heilige Familie entzieht sich durch Flucht. Das, was ihnen als Geheimnis anvertraut worden ist, das kleine Kind, der Sohn Gottes, ist zu schwach, zu verletzlich, um Widerstand zu leisten, um den Konflikt einzugehen. Manchmal bleibt einem nichts anderes übrig, als sich einer bedrohlichen Situation durch Flucht zu entziehen.

Und auch das – keine uralte Geschichte, sondern Alltag hier und heute. Jetzt, in dieser Minute, sind Hunderttausende von Menschen leibhaftig auf der Flucht vor Krieg, Terror, Mord, flüchten an Leib und Leben bedrohte Frauen in Frauenhäuser, … Jesus ist einer von ihnen. Er ist einer der Habenichtse, einer, der die Heimat verloren hat. Damit stellt er sich an die Seite all der Schwachen, Armen und Besitzlosen.

Und wo stehe ich?

Ich will ein Bote der Hoffnung sein,
Licht bringen in meinen Augen,
leidenschaftliche Unruhe
in meinen schwachen Händen
und die belebende Kraft Gottes in meinen Worten.
Ich will einer sein, der Freiheit sät
unter den Menschen,
meinen Brüdern und Schwestern –
das Reich zu bauen auf dieser Erde, dieser guten.
Ich will den Frieden ansagen
mit Füßen, die nicht entweiht sind vom Gold.
Ich werde nicht gehen
auf den Wegen der Ungerechtigkeit.
Ich werde mich nicht abfinden
mit der Unterdrückung der Ärmsten.

Mein Schweigen wird
das geheimnisvolle Schweigen sein,
mit dem sich die Niedrigen dieser Welt ernähren.
Ich werde mein Herz nicht verkaufen
durch die Lüge,
niemals werde ich die Wahrheit stumm machen.
Glücklich der Mensch,
der so sein Leben erbaut,
denn er wird geschmäht und verfolgt werden von vielen.
Aber er wird fest bleiben in seinem Gott,
denn sein Gott hat ihn gerufen von jeher.

Gebet eines Brasilianers

Ich suche meinen König! Und finde ihn. Ich finde ihn vertrieben, geschunden und krank in Bihac. Ich suche meinen König! Und finde ihn. Immer dort, wo Menschen einem Menschen die Krone der Würde in den Staub schleudern. Du fragst nach Wahrheit. Hier meine Antwort: Gebt dem König sein Gewand zurück, dem Menschen seine Würde. Er ist Christ und König.

Michael H.F. Brock

Loslassen

Der Sannyasi – ein heiligmäßiger Mann – hatte den Dorfrand erreicht und ließ sich unter einem Baum nieder, um dort die Nacht zu verbringen, als ein Dorfbewohner angerannt kam und sagte:»Der Stein! Der Stein! Gib mir den kostbaren Stein!«

»Welchen Stein?«, fragte der Sannyasi.

»Letzte Nacht erschien mir Gott Shiwa im Traum«, sagte der Dörfler,»und sagte mir, ich würde bei Einbruch der Dunkelheit am Dorfrand einen Sannyasi finden, der mir einen kostbaren Stein geben würde, so daß ich für immer reich wäre«.

Der Sannyasi durchwühlte seinen Sack und zog einen Stein heraus.»Wahrscheinlich meinte er diesen hier«, sagte er, als er dem Dörfler den Stein gab.»Ich fand ihn vor einigen Tagen auf einem Waldweg. Du kannst ihn natürlich haben«.

Staunend betrachtete der Mann den Stein. Es war ein Diamant. Wahrscheinlich war er der größte Diamant der Welt, denn er war so groß wie ein menschlicher Kopf.

Er nahm den Diamanten und ging weg. Die ganze Nacht wälzte er sich im Bett und konnte nicht schlafen. Am nächsten Tag weckte er den Sannyasi bei Anbruch der Dämmerung und sagte:»Gib mir den Reichtum, der es dir ermöglicht, diesen Diamanten so leichten Herzens wegzugeben«.

Quelle unbekannt

Je weniger Bedürfnisse ihr habt, desto freier seid ihr.

Immanuel Kant

Das alte Jahr zurückzulassen, das kann auch die Einladung dazu sein, einmal zu überlegen, was ich loslassen möchte.

Machen Sie doch einfach mal eine Liste, was Sie nicht mit ins neue Jahr nehmen möchten, was Sie gerne zurücklassen möchten – an Besitz, an Einstellungen, an Haltungen.

Aber gehen Sie liebevoll mit sich selbst um – auch loslassen ist etwas, was man lernen muß – und lieber eine realistische Sache sich vornehmen als alles auf einmal zu wollen. Schließlich wollen Sie ja nächstes Jahr an Silvester auch noch was loslassen können ...

Liebt nicht die Welt und was in der Welt ist! Wer die Welt liebt, hat die Liebe zum Vater nicht. Denn alles, was in der Welt ist, die Begierde des Fleisches, die Begierde der Augen und das Prahlen mit dem Besitz, ist nicht vom Vater, sondern von der Welt. Die Welt und ihre Begierde vergeht; wer aber den Willen Gottes tut, bleibt in Ewigkeit.   1 Joh 2,15-17

P.S.
Was ich noch sagen wollte
Wenn ich Dir
einen Tip geben darf
ich meine
ich bitte Dich
um alles in der Welt
und wider besseres Wissen:
Halte dich nicht schadlos
Zieh den kürzeren
Laß Dir etwas
entgehen   *Eva Zeller*

Söhne und Töchter Gottes sein

Was ich mir wünsche

Die Unermüdlichkeit der Drossel,
da es dunkelt, den Gesang zu erneuern.
Den Mut des Grases, nach soviel Wintern zu grünen.
Die Geduld der Spinne, die ihrer Netze
Zerstörung nicht zählt.
Die Kraft im Nacken des Kleibers.
Das unveränderliche Wort der Krähen.
Das Schweigen der Fische gestern.
Den Fleiss der Holzwespen, die Leichtigkeit ihrer Waben.
Die Unbestechlichkeit des Spiegels.
Die Wachheit der Uhr. Den Schlaf der Larve im Acker.
Die Lust des Salamanders am Feuer.
Die Härte des Eises, das der Kälte trotzt,
doch schmilzt im Märzlicht der Liebe.
Die Glut des Holzes, wenn es verbrennt. Die Armut des Windes.
Die Reinheit der Asche, die bleibt.

Rudolf Otto Wiemer

Das neue Jahr lädt uns ein zum Leben – und zur Lebendigkeit. Wir brauchen keine Angst haben, wir dürfen getrost sein, weil wir aus Gottes Geborgenheit heraus leben, weil Gott selbst uns die Zusage zum Leben gegeben hat. Wir sind zur Freiheit gerufen, weil wir Söhne und Töchter Gottes sind!

Als aber die Zeit erfüllt war, sandte Gott seinen Sohn, geboren von einer Frau und dem Gesetz unterstellt, damit er die freikaufe, die unter dem Gesetz stehen, und damit wir die Sohnschaft erlangen. Weil ihr aber Söhne seid, sandte Gott den Geist seines Sohnes in unser Herz, den Geist, der ruft: Abba, Vater. Daher bist du nicht mehr Sklave, sondern Sohn; bist du aber Sohn, dann auch Erbe, Erbe durch Gott. Gal 4,4-7

Und das ist der absolute Perspektivwechsel, das ist der andere Blickwinkel:

An jenem Tag, der kein Tag mehr ist –
vielleicht wird er sagen:
Was tretet ihr an
mit euren Körbchen voller Verdienste,
die klein sind wie Haselnüsse und meistens hohl?
Was wollt ihr mit euren Taschen voller Tugenden,
zu denen ihr gekommen seid aus Mangel an Mut,
weil euch Gelegenheit fehlte
oder durch fast perfekte Dressur?
Hab ich euch davon nicht befreit?
Wissen will ich:
Habt ihr die anderen angesteckt mit Leben
so wie ich euch?

Joachim Dachsel

Keinen Tag soll es geben,
an dem du sagen mußt:
Niemand ist da, der mir Kraft gibt.
Gott hält zu dir,
er segnet dich.
Keinen Tag soll es geben,
an dem du sagen mußt:
Niemand ist da, der mir Mut macht.
Gott hält zu dir,
er stärkt dich.
Keinen Tag soll es geben,
an dem du sagen mußt:
Niemand ist da, der mich schützt.
Gott hält zu dir,
er behütet dich.
Keinen Tag soll es geben,

an dem du sagen mußt:
Niemand ist da, der mich hält.
Gott hält zu dir
und ist dir gnädig zugewandt.
Keinen Tag soll es geben,
an dem du sagen mußt:
Ich halte es nicht mehr aus.
Gott hält seine starke Hand
alle Tage über dich
und schenkt dir Frieden.

Nach Uwe Seidel

Ein neues Jahr hat begonnen.
Auch in diesem Jahr ziehen alle Wege
vom Morgenland zum Abendland
durch die Wüsten des Lebens
endlos an Vergänglichkeit vorbei.
Aber man kann auf ihnen die selige Reise
der Pilgerschaft zum Absoluten machen,
die Reise zu Gott.
Brich auf, mein Herz, und wandre!
Es leuchtet der Stern,
Viel kannst du nicht mitnehmen auf den Weg.
Und viel geht dir unterwegs verloren.
Laß es fahren.
Gold der Liebe, Weihrauch der Sehnsucht,
Myrrhe der Schmerzen hast du ja bei dir.
Er wird sie annehmen.

Karl Rahner

(Alle Impulse von Andrea Schwarz)

2. KAPITEL

Besinnungen und Meditationen

Atempausen im Advent

Schritte der Hoffnung zum verheißenen Land

1. »Unsere Zeit zwischen rennender Uhr und erfülltem Augenblick«.

Ankommen im Raum, dazu ruhige Musik (z.B. CD Peter Kater, Carlos Nakai # 1)

Eröffnung:
Erzählen von der verrinnenden Zeit und dem Kalender und von den erfüllten Augenblicken.

Übung zum Chronos:
Erinnern Sie sich an das, was Sie gestern erlebt haben.
Was haben Sie heute getan?
Dann planen Sie, was morgen zu erledigen ist.
Das ist der Alltag, die Zeit der Uhren und Kalender, die Zeit, wie wir sie meistens erleben.
Achten Sie dabei aufmerksam auf die Stimmungen Ihrer Seele.

Musik der »Wiederkehr«:
CD J.S.Bach, Brandenb. Konzerte, Ouvertüren, CD 3 #2

Text zum Kairos:
»Der wichtigste Mensch, ist der, welcher dir gerade begegnet.
Der wichtigste Tag hat einen Namen, er heißt Heute.
Die wichtigste Tat, es ist das, was du gerade tust;
wenn du das verstehst, wird es eine Tat der Liebe«.

Übung:
Suchen Sie in ihrer Erinnerung einen Moment in Ihrem Leben,
wo Sie tief glücklich waren,
einen Augenblick, für den Sie alles verkaufen würden,
eine Stunde, in der Sie ganz Sie selbst waren.
Oder mögen Sie lieber in die Zukunft schauen, ein Wunsch,
eine Stunde des Glücks, wie müßte das sein?

Musik zum Kairos:
CD Arvo Pärt Tabula rasa # 2

Zum Abschluß:

Der beste Augenblick
   Es lebte einmal ein junger Mann, der täglich über den Sinn der Welt
nachgrübelte. Vor allem beschäftigte ihn der Gedanke, was im Leben am
meisten Ernst habe, denn, so meinte er, das Gewicht des Ernstes könne am
ehesten den Menschen unter die Oberfläche des Daseins ziehen und ihn
dem Grund aller Dinge nahebringen. Soviel er aber nachdachte und die
Menschen beobachtete, er kam zu keinem Ergebnis. Um in seine Zweifel
Klarheit zu bringen, suchte er schließlich einen alten Weisen auf, der allein
in einem weit entfernten Wald lebte.
   Der Meister fragte ihn, was ihn herbeigeführt habe, und er berichtete,
er suche nach dem Kostbarsten, was ein Mensch tun könne, um sich der
Gottheit zu nähern.
   »Was hast du auf dem Weg hierher getan?« fragte ihn der Meister. Der
junge Mann glaubte, er habe ihn nicht verstanden, und wiederholte sein
Anliegen. Doch der Meister fragte nochmals: »Was hast du auf dem Weg
nach hier getan?«
   »Ich habe geschwitzt«, sagte der junge Mann, »denn der Weg auf die
Höhe war steil, ich geriet außer Atem und hatte großen Durst. Aber ich
habe versucht, die Beschwerden des Weges geduldig zu ertragen«.
   »Was hast du noch getan?«
   »Ich habe meditiert, wie ich es täglich tue. Heute habe ich mich in den
Gedanken versenkt, daß der Gleichmut eine Tugend und ein Fehler sein
kann«.

»Was hast du noch getan?«

»Ich habe einem alten Mann sein Bündel Holz ins Dorf getragen. Es war für mich ein Umweg, aber ich sah, daß der Alte zu schwach für die Last war«.

»Was hast du noch getan?«

Der Jüngling zögerte, dann sage er: »Ich habe eine Weile auf einem Stein gesessen und mit dieser Glaskugel gespielt, die mir mein Vater geschenkt hat, als ich die Schule verließ. Verzeih mir, daß ich mich damit aufhielt«.

»Bei welcher Beschäftigung fühltest du dich am leichtesten?«

Der Jüngling sah den Alten ratlos an.

»Beantworte mir bitte meine Frage«, sagte er, »Ich kam doch mit einem Anliegen zu dir«.

Der Meister wiederholte, als habe er seinen Einwand nicht gehört. »Bei welcher Beschäftigung fühltest du dich am leichtesten?«

»Beim Spiel mit der Kugel«, sage der junge Mann beschämt, »da war ich ganz leer und fröhlich, ich hatte keine Gedanken und Sorgen«.

»Das war der beste Augenblick dieses Tages«, sagte der Meister, »als du dem Spiel hingegeben warst. Das Spiel ist ganz leicht und zugleich ganz ernst, darum ist es der Gottheit nah. Du gelangst unter die Oberfläche des Daseins, indem du dich darüber erhebst«.

Mit auf den Weg ...
»*Das Kostbarste des Lebens – du hast es immer nur jetzt*«.

2. »Heute ist der Tag, den du verwandeln kannst«.

Schlagzeilen aus der Tageszeitung, was unser Heute ausmacht: Gutes und Schlechtes. ...

Übung:
Welche Schlagzeilen finde ich für meinen Tag heute?

Musik des Alltags:
CD Nus-Peffer Molvaer. Khmer. # 2 (oder ein anderes Stück)

Prozession mit den Gaben des Alltags:
Am Eingang steht ein Tisch mit kleinen Symbolen unseres Heute.
Die Teilnehmenden gehen dorthin, wählen sich eines aus und wir gehen
als Prozession vor zum Altar. Dieser ist leer.
Die Gaben werden daraufgelegt.

Gebet der Verwandlung des Heute hinein in den heiligen Tag der Ewigen
Liebe.

Zum Ausklang Text: Dekalog der Gelassenheit

Dekalog der Gelassenheit

Nur für heute
werde ich mich bemühen,
den Tag zu erleben,
ohne das Problem meines Lebens
auf einmal lösen zu wollen.
Nur für heute
werde ich die größte Sorge
für mein Auftreten pflegen:
ich werde niemanden kritisieren,
ja, ich werde nicht danach streben,
die anderen zu korrigieren
oder zu verbessern ...,
nur mich selbst.
Nur für heute
werde ich in der Gewißheit
glücklich sein, daß ich
für das Glück geschaffen bin ... nicht nur für andere,
sondern auch für diese Welt.
Nur für heute
werde ich eine gute Tat vollbringen,
und ich werde es niemandem erzählen.
Nur für heute

werde ich ein genaues
Programm aufstellen.
Vielleicht halte ich mich nicht daran,
aber ich werde es aufsetzen.
Und ich werde mich
vor zwei Übeln hüten:
vor der Hetze
und vor der Unentschlossenheit.
Nur für heute
werde ich keine Angst haben.
Ganz besonders
werde ich keine Angst haben,
mich an allem zu freuen,
was schön ist,
und an die Güte zu glauben.   *Papst Johannes XXIII*

Mit auf den Weg:
»Hörst du heute den Fluß?«
»Ja«
»Das ist der Weg«.

3. »Wir sind doch Menschen beim Durchgang durch das rote Meer«.

Beginn im Foyer, recht dunkel.
In der Mitte ein Ort der Hoffnung: Auf einem Tuch liegen eine Bibel und
dünne Kerzen. Die Bibel wird genommen und Exodus 14,15 – 15,1 wird
vorgelesen.
Die Hoffnungskerzen werden angezündet.

Mit Trommelrhythmus machen wir uns auf den Weg in das Gotteshaus,
das versprochene Land der Zukunft.
Wir überschreiten am Eingang den Jordan (als blaues Tuch symbolisiert).
Alle gehen zum Altar und stecken ihre Kerzen in eine große Schale mit Sand.
Dann gehen alle auf die Plätze.

Es erklingt die Musik des »neuen Landes« von der Orgel (P.-Th. Weber).

Text:
Angekommen.
Gefunden, Geschenkt.
Ein neues Land, gelobt und versprochen,
in Träumen erbildert, in Wegen erstiegen,
in Sehnsucht erkämpft.

...und alles ist Gabe,
weil der ganze Weg Arbeit gewesen.

Gelingen heißt das Leben,
wie ein Wurf von geübter Hand;
es trägt und läßt nicht fallen
– wir haben es erfahren.

Auch des Weges Mühsal und Not
– der Preis um den dieses Land sich fand.
Mit neuem Mund erzählen wir von dem, was geschah,
und nichts bleibt im Vergessen.
Kostbar wird hier jeder Stein, jeder Schritt des Weges,
weil ohne sie dieses Land nicht ist.

Alles ist da – doch in gewandelter Gestalt,
wirklicher als je zuvor.

Wir feiern das Leben, weil es Träume gebiert,
wir leben das Fest, weil auch Tränen geborgen.
Wir können es nicht erzählen, das neue Land.
Selber müßt ihr euch aufmachen,
selber finden den Weg und die Hoffnung
und selber betreten den heiligen Boden.
Das Leben wird euch tragen
– und ein Gott ist mit dabei, der von allen Seiten auf euch zukommt.

Traut der Träume trunkener Weisheit,
legt des Lebens Liebe nicht fest.

Gleich heiligem Zauber hebt sich eine neue Welt aus dem Abgrund des Zweifels
und kündet schon jetzt vom Morgen,
dessen blühende Antwort unserer dürstenden Fragen im Heute bedarf.

Wo ihr aufbrecht aus alten Welten,
weicht der Mut nicht von euch.
Wo ihr durchstoßt zu gelobtem Land,
weitet sich das Herz für den Jubel des Weges.
Wo ihr betretet neue Erde
schenkt sich euch der Gefundene Gott.

Paulus-Thomas Weber, Sommer 1991

Zum Abschluß: Segensgebet

Mit auf den Weg:

»*Und die Hütte aus Lehm ist das Land der Erfüllung*«.

4. »Auf der Asche des Alten erwarten wir den kommenden Tag«.

Gedicht zur Eröffnung (nach ein paar hinführenden Worten):

Zukunft

Endlich sagt euch los vom Grauen;
Zwar in Asche sinkt die Welt.
Doch Geschlechter werden bauen
Was vor unserm Blick zerfällt.

Ehe noch des Unheils Ende
Und ein neuer Stern erschien
Muß im Herzen sich die Wende,
Muß ein Wille sich vollziehn.

Nur Geglaubtes läßt sich finden,
Nur Gewißheit wird den Stein
Heilger Kräfte neu entbinden.

Stund um Stunde sind verkettet:
Ehe uns die Zukunft rettet
Müssen wir die Zukunft sein

Marie Luise Kaschnitz

Einen Überblick über die Dinge geben, die heutzutage alle untergehen oder vergehen:

Das Alte wird Asche (als Symbol dafür eine verkohlte Wurzel auf den Altar legen)

Musik der Asche: CD Eleni Karaindrou: Eternity and a day. # 9 (oder andere Musik)

Bibeltext von dem, der da kommt...:

»Und aus dem Baumstumpf Isais wächst ein Reis hervor,
ein junger Trieb aus seinen Wurzeln bringt Frucht.
Und der Geist des Herrn läßt sich nieder auf ihm ...
Und sofort treibt der Geist ihn hinaus in die Wüste.
Nachdem aber Johannes übergeben war, kam Jesus nach Galiläa,
und er verkündete das Evangelium Gottes, er sagte:
Jeder Augenblick ist angefüllt,
angefüllt mit dem Königreich der Liebe,
dem Königreich Gottes, das kommt und nahegekommen ist.
Daher verwandelt euren Geist
und glaubt an diese Botschaft der Freude!«

Jes 11,1; Mk 1,12.14.15.

Eine Rose wird in dem Baumstumpf auf dem Altar sichtbar.

Alle stehen im Halbkreis vor dem Altar und salben sich gegenseitig mit duftendem Rosenöl die Stirn mit Jesu Wort: »Verwandle deinen Geist und glaube an die Botschaft der Freude!«

Dazu erklingt die Musik der Rose CD. Otem. ft 3+4 (oder eine andere Musik)

Zum Abschluß hören wir das Gebet der Hoffnung von Rainer Maria Rilke:

Du bist die Zukunft, großes Morgenrot
über den Ebenen der Ewigkeit
Du bist der Hahnschrei nach der Nacht der Zeit,

der Tau, die Morgenmette und die Maid,
der fremde Mann, die Mutter und der Tod.

Du bist die sich verwandelnde Gestalt,
die immer einsam aus dem Schicksal ragt,
die unbejubelt bleibt und unbeklagt
und unbeschrieben wie ein wilder Wald.

Du bist der Dinge tiefer Inbegriff,
der seines Wesens letztes Wort verschweigt
und sich den Andern immer anders zeigt:
dem Schiff als Küste und dem Land als Schiff.

Rainer Maria Rilke

Mit auf den Weg:
»*Unsere Nullpunkte werden zu heiligen Stätten
und der Strom unserer Tränen
zum Wasser des Lebens*«.

(Alle Atempausen von Paulus-Thomas Weber u. Albin Krämer)

... dann hebt sich neues Land mit allen seinen Wundern

Christsein zwischen den Jahrtausenden

Das Symbol ist uns bekannt, das Symbol der Wüste. Die Wüste ist keineswegs zu Ende! Wir leben heute als Christen, als Menschen der Kirche, als Menschen unserer westlichen Leistungsgesellschaft, als Bürgerinnen und Bürger des 21. Jahrhunderts, auf vielerlei Weise in einer Wüste.

Die Wüste ist ein Bild für das Unterwegssein, für die karge Nahrung, für die Suche nach lebenserhaltenden Quellen lebendigen Wassers. Wir sind im Durchgang und nicht am Ziel der Wanderung, der Pilgerschaft.

Die Wüste ist aber auch der Ort der Klarheit, wo Menschen ohne jede Ablenkung wie in einem Spiegel ihr Gesicht sehen, die eigene menschliche Wirklichkeit verstehen. So steht die Wüste auch für den Verlust alter Sicherheiten, dann aber für (eine neue) Wahrheit und »Erleuchtung«.

Als Landschaft des Übergangs entspricht die Wüste der menschlichen und religiösen Erfahrung von Umbruch, von Ende und Neubeginn

Das Bild der Wüste entläßt aus sich den Weg des Übergangs vom Alten zum Neuen, was auch immer das sein mag. So wird es zum Zeichen von Umbruchs-Erfahrungen, zum »Ritual« (d.h. symbolischer Handlung) unserer heutigen Situation, zur »Liturgie des Kairos«.

Das Volk des ersten Bundes, das Volk Israel geht durch das rote Meer hindurch. Und es versteht: Nur ein Gott kann da hindurchführen!

Im Durchgang löst der geheimnisvolle, sich zusprechende Gott des brennenden Dornbuschs sein Versprechen ein, ja seinen Namen: Ein Mitgehender ist er, ein Gott des Durchgangs, das Geheimnis, das herausführend aus dem Untergang wirkt, der Gott, der vielleicht erst am untersten Punkt zu vernehmen ist, in der Mitte der Wüste, im versiegelten Grab.

Dort hebt er sich ins Licht der Verheißung, erweist er sich als der Gott der Osternacht, der sich verbürgt, uns Menschen, unsere Welt aus all den vielen Toden und Gräbern unserer Geschichte aufzuerwecken.

Wie das Credo des Volkes Israel in dem Herauszug aus dem Land der Bedrängnis wurzelt, so bekennt die christliche Gemeinde Gott als den, der Jesus auferweckt hat aus den Toten, als das Geheimnis des Übergangs, den Gott der Osternacht.

Diese Botschaft ist Garant für die heutige Situation, wo so vieles, auch in der Kirche, in der Religion, untergeht. Noch wissen wir nicht, was kommt, was aufgeht.

Es gibt aber auch eine Disziplin, an diesem Übergang, an diesem selbstgemachten Nullpunkt: Den zu erwarten, der uns zugesagt ist!

Das ist der Kairos, also der mit Lebenskraft gefüllte Augenblick (statt der verrinnenden Zeit der Sekundenzeiger und Terminkalender).

So kann in diesem Sinne unsere Wüstensituation, als »Liturgie des Übergangs« gefeiert werden. Wo mitten in der Nacht, mitten in der Wüste, mitten im Untergang etwas erwartet wird, das da kommen soll, das als Geschenk kommen soll, von ganz woanders her, gar von Gott her, da treten wir ein in die Sehnsucht des Advent, die die Ankunft des menschengewendeten Gottes immer schon und immer wieder erwartet, ja herbeihofft.

Der Advent ist so Vorbereitung auf Weihnachten, auf GottesAnkunft in dieser Welt. Dieser Advent ist zugleich der Weg hoffender Sehnsucht auf ein neues Jahr hin und damit die Hoffnung auf das stets neue Kommen und Ankommen Gottes in unseren Menschenherzen zu einer bisweilen sehr wüstenartig gewordenen Zeit.

Paulus-Thomas Weber

Begegnung

Zwei Hände, die sich einander zuneigen. Wenn Sie mögen, versuchen Sie einmal mit Ihren eigenen Händen dies nachzustellen. Sie haben es bemerkt: Wie Sie Ihre Hände auch drehen und wenden, es gelingt nicht. Nur mit der Hand eines anderen Menschen kann man dies nachstellen. Die Hände von zwei Menschen bilden also diese Skulptur. August Rodin, so heißt der Künstler, hat diese Hände aus Stein gehauen. Ganz zart wirken die Hände und die Berührung. Da hält eine Hand die andere nicht krampfhaft fest und doch sieht es so aus, das die eine birgt und die andere stützt. An einer Stelle nur berühren die Hände sich leicht. Es hat den Eindruck, als sei ein Augenblick einer einfühlsamen Begegnung festgehalten. Da ist kein Zwang und keine Gewalt.

Wie gewalttätig können Hände manchmal sein, was können Hände manchmal für Schmerzen zufügen. Aber wie zärtlich können Hände eben auch manchmal sein, wenn sie streicheln und behutsam berühren, wieviel Nähe und menschliche Wärme können sie ausdrücken.

Rodin hat sein Kunstwert »La cathedrale« genannt. Die Kathedrale, die Kirche. Mag die äußere Form Anlaß für den Titel gewesen sein. Schön ist, eine so zarte Berührung mit Kirche in Verbindung zu bringen. Wer begegnet sich da, wer steht da in Beziehung zueinander, wer bildet die Kathedrale? Gott und der Mensch. Nach Lebenssinn, nach Geborgenheit und Glück strebe ich und Gott kommt mir entgegen. Der Prophet Zefania sagt es zu seinem Volk Israel so: Fürchte dich nicht, Zion! Lass die Hände nicht sinken! Der Herr, dein Gott ist in deiner Mitte, ein Held, der Rettung bringt. Er freut sich und jubelt über dich, er erneuert seine Liebe zu dir. (Zef3, 16b-17b).

Es könnte sein, daß auf jemanden die Vorstellung, Gott kommt in seiner Liebe auf mich zu, einengend wirkt. Als Kind wollte ich irgendwann einmal nicht mehr, daß mein Vater mich in den Arm nimmt.

Gott erdrückt nicht, er kommt nicht in Übermacht, er überrollt nicht. Er haut nicht mit der Faust auf den Tisch, er streckt die offene Hand entgegen. Er begegnet liebevoll. Der Prophet Jesaja kündigt Jahrhunderte vor Christi Geburt das Auftreten des Gottesknechtes an: Er schreit nicht und lärmt nicht und lässt seine Stimme nicht auf der Straße erschallen. Das geknickte Rohr zerbricht er nicht, und den glimmenden Docht löscht er nicht aus. So spricht Gott der Herr: Ich, der Herr habe dich aus Gerechtigkeit gerufen, ich fasse dich an der Hand. Ich habe dich geschaffen und dazu bestimmt, der Bund für mein Volk und das Licht für die Völker zu sein: blinde Augen zu öffnen, Gefangene aus dem Kerker zu holen, und alle, die im Dunkel sitzen, aus ihrer Haft zu befreien. (Jes 42,2-3, 5a, 6-7)

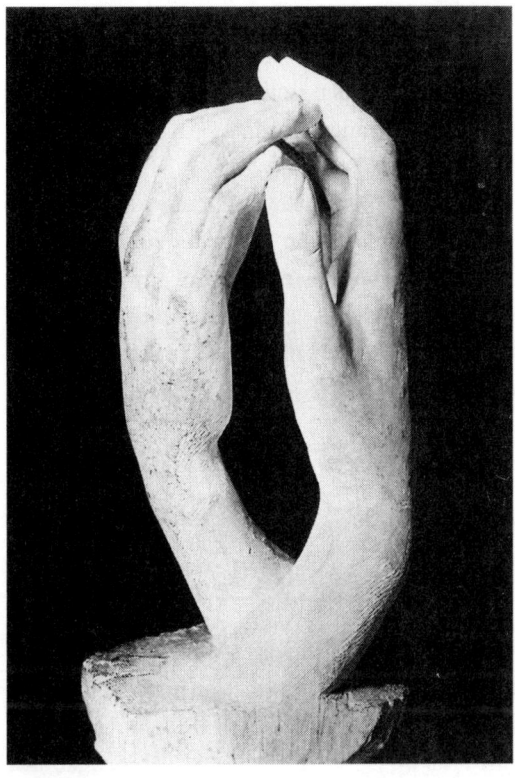

Auguste Rodin
La Cathédrale
Musée Rodin, Paris

In dem Kind von Betlehem, dem Mann aus Nazareth, streckt sich Gott in seiner ganzen Liebe aus
nach denen, die geknickt sind
nach denen, deren Leben nicht glatt läuft
nach denen, in deren Leben etwas zerbrochen ist
nach denen, die sich gerne wieder aufrichten wollen
nach denen, deren Herz ohne Liebe kalt geworden ist
nach denen, die sich selbst nicht mehr anschauen können
nach denen, die blind für andere geworden sind
nach denen, die in ihrer Ich-Sucht gefangen sind.

Und noch eine andere Begegnung, meine ich, drückt die Skulptur aus, was eben auch Kirche ist: Die Begegnung von Menschen untereinander. Stellen Sie sich vor, diese beiden Hände sind Symbol für alle unsere Begegnungen und Beziehungen. Ausdruck wie wir miteinander umgehen. Dass es das bei uns gibt: stützen und bergen, nach Anlehnung suchen und sie gewähren – so soll Begegnung sein.

Erhard Bechtold

Maria begegnen

Im Leben eines jeden Menschen, ob Mann oder Frau, ob jung oder alt, gibt es Frauen, eine Frau vielleicht, die ihr/ihm wichtig sind. Nehmen Sie eine dieser Frauen oder die eine Frau im Geiste in den Blick. Nehmen Sie sich Zeit dafür. Vielleicht hilft es, den Namen dieser Frau und was mir an diesem Menschen wichtig ist, aufzuschreiben, welche Bedeutung sie in meinem Leben hat, was ich mit ihr verbinde. (Lassen Sie sich wenigstens 5-10 Minuten Zeit dafür)

Diese Frau, über die Sie nachgedacht haben, ist für Sie wichtig geworden. Ich wage einmal die These: Wo Menschen mit Glauben und Religion in Berührung kommen, da spielen auch immer Frauen eine Rolle. Auch für Jesus haben Frauen auf seinem Weg eine große Rolle gespielt. Eine Frau von Anfang an: Maria, seine Mutter. Ich war vor kurzem in einem

Museum, in dem unzählige Mariendarstellungen ausgestellt waren. Obwohl diese Maria an gar nicht vielen Stellen im Neuen Testament genannt wird, ist sie doch in der Kunst ein schier unerschöpfliches Thema geworden. Etwas ganz Tiefes muß beim Menschen da angesprochen sein, was diese Frau verkörpert, was auch in unseren persönlichen Frauenerfahrungen mitschwingt, sonst wäre es in der Kunst nicht so oft Thema gewesen.

Aber spricht denn ein solches Bild des 15. Jahrhunderts, ein religiöses Motiv heute überhaupt noch an? Vielleicht geht es jemandem so, wie dem oder der – Verfasser unbekannt – der diese Gedanken aufgeschrieben hat: »Du bist mir fremd, ich kenne dich nicht. Ich weiß über dich kaum etwas. Ich glaube nicht an deine Statuen, deine süsslichen Bilder, deinen süsslichen Blick. Ich glaube nicht an den weltfremden Wohlklang deiner Litaneien: dein Leben war härter. Du bist mir fremd, ich kenne dich kaum. Maria, blosse Kontur, ausgesparte Fläche im Bild meines Glaubens«.

Nehmen Sie noch einmal die wichtige Frau in Ihrem Leben in den Blick. Wenn ich jemanden bewundere, für wertvoll erachte, kann sich mein Blick verklären und ich rede überschwänglich von diesem Menschen. Christen haben Maria bewundert und an ihr Bewundernswertes festgemacht – aber zugleich so auch weit weg gerückt.

Die heilige Theresia von Lisieux sagte einmal: »Wie gern wäre ich Pfarrer gewesen, um über Maria zu predigen. Man dürfte nicht unwahrscheinliche Sachen über sie erzählen. Man müsste etwas von ihrem wirklichen Leben sagen, wie das Evangelium es durchblicken lässt, nicht ein ausgedachtes. Man zeigt uns Maria unerreichbar. Man müsste sagen, daß sie wie wir aus dem Glauben gelebt hat. Wenn man bei einer Predigt über die Mutter Gottes von Anfang bis Ende gezwungen wird, vor Staunen nach Luft zu schnappen, lauter Ach! und Oh! hat man bald genug. Ob nicht mancher dann dazu getrieben wird, sich von Maria zu entfremden? Ja, Maria durfte Mutter Gottes werden – schwer genug! Und sogar zu diesem letzten Punkt sagt Jesus noch: Wer den Willen meines Vaters tut, der ist mir Bruder, Schwester und Mutter«.

Das Lukas-Evangelium lässt etwas durchblicken von dem, was diese Frau war:

Nach einigen Tagen machte sich Maria auf den Weg und eilte in eine Stadt im Bergland von Judäa. Sie ging in das Haus des Zacharias und begrüßte Elisabeth. Als Elisabeth den Gruß Marias hörte, hüpfte das Kind in ihrem Leib. Da wurde Elisabeth vom Heiligen Geist erfüllt und rief mit lauter Stimme: Gesegnet bis du mehr als alle anderen Frauen, und gesegnet ist die Frucht deines Leibes. Wer bin ich, daß die Mutter meines Herrn zu mir kommt? In dem Augenblick, als ich deinen Gruß hörte, hüpfte das Kind vor Freude in meinem Leib. Selig ist die, die geglaubt hat, daß sich erfüllt, was der Herr ihr sagen ließ. (Lk 1,39-45)

So ist diese Frau Maria: Sie macht sich auf, weil sie jemand anderem begegnen will. Und für diesen Menschen wird sie wichtig. Sie verlässt ihr sicheres Daheim, um ihre Hilfe anzubieten. Wie war das mit der wichtigen Frau in meinem Leben? Weil sie mir begegnet ist, weil sie etwas mit mir zu tun hat, ist sie für mich wichtig geworden. Es wird wohl jeder Mensch einmal in seinem Leben Maria begegnen – auch wenn sie einen anderen Namen trägt.

Erhard Bechtold

Liedmeditation zu »Die Nacht ist vorgedrungen« (Gl 111)

Ich erinnere mich genau. Manchmal, als kleiner Junge, wenn ich im Dunkel der Nacht in meinem Bett lag, da hatte ich Angst. Die Gegenstände in meinem Zimmer warfen gespenstische Schatten. Alles war so unvertraut. Wie oft sehnte ich mich damals danach, daß es hell sei – bis ich übermüdet einschlief. Das Dunkel, die Nacht, hatte etwas Unheimliches.

Vielleicht ist es Ihnen damals, als Sie selbst ein Kind waren, so ähnlich ergangen. Manchen geht es bis heute so. Ich denke etwa an kranke Menschen, die vor Schmerzen keinen Schlaf finden. Wie oft sehnen sie sich danach, daß der neue Tag anbricht. Oder ich denke an Menschen, die vor Sorgen nicht schlafen können. Da kann eine Nacht grausam lang sein. Und wie gut ist es dann, wenn das neue Licht des neuen Tages die Dunkelheit erhellt.

Von diesen Erfahrungen spricht das Adventslied, das uns in den kommenden Wochen begleiten wird. Die Nacht ist vorgedrungen, der Tag ist nicht mehr fern. Ich lade sie ein, jetzt die Nummer 111 im Gotteslob aufzuschlagen, um dann zuerst einmal die Melodie dieses Liedes auf sich wirken zu lassen.

Was ist die Nacht, von der das Lied singt? Und wer ist der Dichter, der das so zuversichtlich sagt:»Die Nacht ist vorgedrungen, der Tag ist nicht mehr fern.«? Die Antwort finden wir nach dem Lied, ganz unten auf der Seite. Geschrieben nämlich wurde dieses Lied 1938. Das ist die Zeit, in der der Wahnsinn, die Nacht des Nationalsozialismus unser Volk befallen hat. Abertausende von Menschen werden durch diesen Wahnsinn in die Nacht des Todes geführt, sei es auf den Schlachtfeldern des 2. Weltkrieges, sei es in den Konzentrationslagern. Und der, der dieses Lied geschrieben wird, hat die Dunkelheit dieser Zeit am eigenen Leib erfahren. Es ist Jochen Klepper. Er war mit einer Jüdin verheiratet. Als deutlich wurde, daß ihr Leben bedroht war, hat er sich um ein Ausreisevisum für sich und seine Frau gekümmert. Es wurde ihm verweigert. Da ist er zusammen mit seiner Frau und seinem Kind freiwillig in den Tod gegangen.

Kurze Improvisation zum Lied

Für Jochen Klepper war die Nacht die Nacht des Nationalsozialismus. Gottlob leben wir in einer anderen Zeit. Dennoch: Viele von uns kennen ihre eigene Nacht: Die Nacht der Trübsal und der Angst, die Nacht des Zweifels und der Anfechtung, die Nacht des Verlassen-Werdens und der Arbeitslosigkeit, die Nacht der Enttäuschung und der Schwermut, Die Nacht der Krankheit und des Todes, die Nacht der Trauer und der Einsamkeit. Für jeden von uns mag die Nacht ein anderes Gesicht haben. Dennoch: Unser Lied strahlt bei aller Erfahrung der Nacht doch Zuversicht aus – schon in der ersten Strophe:»Die Nacht ist vorgedrungen, der Tag ist nicht mehr fern. So sei nun Lob gesungen, dem hellen Morgenstern. Auch wer zur Nacht geweinet, der stimme froh mit ein: Der Morgenstern bescheinet auch deine Angst und Pein«. Was hat es auf sich mit diesem Morgenstern?

Kurze Improvisation zum Lied

Der Morgenstern, das ist der Stern, der aufleuchtet, kurz bevor der Tag beginnt. Somit kündet er das Ende der Nacht an – und den Beginn des neuen Tages. Kein Wunder, daß deshalb der Morgenstern sehr früh ein

Bild für Jesus Christus wurde. Denn er hat uns ein Leben im Licht, ein farbenfrohes Leben verheißen. So leuchtet schon jetzt in das Dunkel und in die Nächte unseres Lebens das Licht seiner Verheißung: Leben zu schenken, Leben in Fülle, Leben voller Qualität. Diese Verheißung ergibt den Sinn des Advents: Denn der Sinn des Adventes ist: Auszuschauen nach der Verheißung eines neuen Lebens, auszuschauen nach diesem Morgenstern, auszuschauen nach Spuren des Lichtes, der Freude, des Lebens, mitten in den Dunkelheiten unseres Lebens. Darüberhinaus verheißt uns die Adventszeit als vorweihnachtliche Zeit, daß der Anfang schon gemacht ist: Die zweite Strophe unseres Liedes sagt es deutlich: »Dem alle Engel dienen, wird nun ein Kind und Knecht. Gott selber ist erschienen«. Und zwar im Kind von Bethlehem. Was dieser Anfang bedeutet, wird spätestens in der dritten Strophe deutlich: »Die Nacht ist schon im Schwinden, macht euch zum Stalle auf. Ihr sollt das Heil dort finden, das aller Zeiten Lauf, von Anfang an verkündet, seit eure Schuld geschah. Nun hat sich euch verbündet, den Gott selbst ausersah«.

Kurze Improvisation zum Lied

Gott hat sich mit uns verbündet, das ist die Botschaft des christlichen Glaubens. Deshalb strahlt schon inmitten der Nächte und der Dunkelheiten unseres menschlichen Lebens das Licht eines neuen Lebens auf. Wir kennen das ja aus unserer menschlichen Erfahrung: Selbst wenn es uns schlecht geht, alles ist halb so schlimm, wenn da ein Mensch ist, der bei uns ist, der uns versteht, dem wir all unser Leid klagen können, weil wir wissen, daß er es gut mit uns meint. Alles ist halb so schlimm, wenn da einer ist, der zu uns hält und der uns hilft, wo er nur helfen kann. Und da sagt uns unser Lied: Wir sind nicht mehr allein. Einer, der unser Leben hell machen will, hat sich uns zur Seite gesellt, hat sich mit uns verbündet, Jesus Christus. Er sagt uns, daß die Dunkelheit, ja selbst der Tod nicht das letzte Wort haben. Freilich, es bleibt eine Verheißung. Denn so sagt es die vierte Strophe: »Noch manche Nacht wird fallen, auf Menschenleid und Schuld«. Aber es gilt eben auch: »Doch wandert mit uns allen der Stern der Gotteshuld«. Wer sich darauf einläßt, wird es erfahren: »Beglänzt von seinem Licht hält uns kein Dunkel mehr, von Gottes Angesicht kam uns die Rettung her«.

Und warum das alles? Weil Gott ein Freund von uns Menschen ist. Deshalb will er uns ganz nahe sein. Deshalb achtet er nicht zuerst auf unsere Fehler, sondern auf das, was wir gut gemacht haben, auf das, wo unser Leben gelingt. So jedenfalls die Überzeugung des Dichters in der fünften Strophe: »Gott will im Dunkel wohnen und hat es doch erhellt. Als wollte er belohnen, so richtet er die Welt. Der sich den Erdkreis baute, der läßt den Sünder nicht. Wer hier dem Sohn vertraute, kommt dort aus dem Gericht«.

Schwestern und Brüder, auf Jesus Christus vertrauen, an ihn zu glauben, das ist die Einladung der Botschaft Jesu Christi, und es ist zugleich die Einladung unseres Liedes. Nach dem Licht Ausschau zu halten, das all die Dunkelheiten erhellt, die wir Menschen erfahren, das ist die Einladung des Advents. Und all das in dem Vertrauen, daß in diesen Dunkelheiten schon der Schein eines neuen Lebens erfahrbar ist. Eines Lebens voller Licht – inmitten der Dunkelheit unseres Lebens. Bringen wir unser Vertrauen auf dieses Licht, bringen wir unsere adventliche Hoffnung zum Ausdruck, indem wir jetzt gemeinsam, gleichsam als Glaubensbekenntnis, das Lied von Jochen Klepper singen.

Lied Gl 111, 1 – 5

Peter Kohl

Weihnachten – das Fest der Schönheit des Menschen

Za Zoko (Für Zoko)

Erlauben Sie, daß ich beginne mit einem Text des Hl. Irenäus (2. Jhdt. n. Chr.):

»M E N S C H,
du bist ein Werk Gottes. Erwarte also die Hand
deines Künstlers, die alles zur rechten Zeit
macht; zur rechten Zeit für dich, der du gemacht
wirst. Bring ihm ein weichen, williges Herz
entgegen und bewahre die Gestalt, die der
Künstler dir gab. Bleibe formbar, damit du
nicht verhärtest und schließlich die Spur seiner
Finger verlierst. Wenn du den Abdruck seiner
Finger in dir bewahrst, steigst du zur Voll-
kommenheit empor. Die Kunst Gottes gestaltet
den Lehm, der du bist. Nachdem er dich aus dem
Stoff geformt hat, wird er dich innen und außen
mit reinem Gold und Silber schmücken. So schön
wird er dich machen, daß am Ende er selbst nach
dir verlangt. Das Erschaffen kommt der Güte
Gottes zu. Erschaffenwerden aber ist das Wesen
der menschlichen Natur«.

Irenäus von Lyon

Unnachahmliche Gedanken und Bilder, die zu keinem unserer großen kirchlichen Festtage besser passen als zu Weihnachten … »Das Erschaffen kommt der Güte Gottes zu. Erschaffenwerden aber ist das Wesen des Menschen«.

Das ist es und hierin liegt das Geheimnis der Liebe Gottes zu uns Menschen beschlossen: weil wir uns nicht selber schaffen können, weil uns Selbsterlösung nicht gelingt, weil wir nur an einem Du zum ICH werden können, weil Gottes Sehnsucht nach dem Menschen unersättlich zu sein scheint, weil Gott mit anderen zusammen LIEBE wagen und leben will, weil sich Gott ein Fest bereitet hatte, das es im Himmel bisher nicht gab –

deshalb ist er selber Mensch geworden und hat uns Menschen eine Würde gegeben, die unantastbar, unüberbietbar ist.

An Weihnachten und seit Christi Geburt feiern wir – das will uns Irenäus sagen! – die Gottesgeburt in unseren Herzen, unsere Vergöttlichung. Wir sind mehr als unsere brüchige Lebensgeschichte, mehr wert als Menschen an uns liebenswert finden, wertvoller als wir uns selber vorkommen. Wir sind gottgewollt und müssten in unserer Einsamkeit nicht mehr nach Zuwendung und Anerkennung betteln. Wir sind nicht mehr durch unsere Vergangenheit festgelegt: Gott beginnt mit uns einen neuen Anfang. Er bringt uns in Berührung mit dem unverfälschten Bild, das er sich von uns gemacht hat. Deshalb:

»Bleibe formbar, damit du nicht verhärtest und schließlich die Spur seiner Finger verlierst«.

Den Abdruck der Finger Gottes an uns sollen wir nicht verlieren, göttliche Herrlichkeit nicht eintauschen gegen selbstentworfene Zerrbilder.

Nur so werden wir etwas erahnen und widerspiegeln können von jener Schönheit, die sich seit Weihnachten über unser aller Biographie wie Glanz gelegt hat; diese Schönheit ist Abbild göttlicher Wahrheit und strahlt uns eigentlich in jedem Menschenantlitz entgegen.

Deshalb sollten wir eigentlich miteinander unterwegs bleiben zu einem Leben, das bleibt und das nicht vom Tod, von Missgunst und Unfriede aufgebraucht wird.

Und deshalb sollten wir als Menschen des Friedens – und als solche erst sind wir weihnachtliche Menschen! – unterwegs bleiben zu einem Leben, in dem wir geborgen sind und gegenseitig Geborgenheit schenken – trotz unserer Abgründigkeit und Brüchigkeit, unseres Versagens und unserer Verfehlungen.

Wir sollten unterwegs bleiben – d. h.: zeitlebens verwandelbar bleiben – zu jenem Antlitz, in dem wir uns wiederfinden, uns selbst und unseren Namen, den wir bei Gott haben. Im Neugeborenen hat er sich total und restlos an uns verschenkt und sein Antlitz in einem Übermaß an Schönheit aufleuchten lassen.

Hierin (in diesem Aufscheinen von göttlicher Schönheit und Wahrheit!) erkennen wir unseren Auftrag: jedem Menschenantlitz Würde und Wert zurückzugeben; nur so entstehen Friede und Heil. Amen.

Pater Benedikt

Weihnachten

An diesem Weihnachtsfest wird wieder alles auf den Kopf gestellt – wie sooft, wenn wir die einzelnen Heilsgeheimnisse unseres Glaubens feiern. Denn: wir feiern einen Gott, der immer anders ist, als wir es erwarten.

Wir feiern keinen Herrscher, sondern ein Kind!
Wir feiern keinen Befreier, sondern einen Gefangenen;
keinen Mächtigen, sondern einen Gehenkten;
keinen Reichen, sondern einen Armen.

Doch gilt in allen Heilsgeheimnissen eine sieghafte Widersprüchlichkeit:
Ein Auferstandener – kein Toter!
Ein Hoffnungsgeber – kein Peiniger!
Ein Kind, das sich vom Himmel her verlaufen hat – keine in sich verschlossene und in sich ruhende ewige Gottheit!

Gott sei Dank, möchte man sagen, wird an Weihnachten alles auf den Kopf gestellt. Denn uns kommt zu gute, daß sich Gott für den Menschen entschieden hat. Mir will scheinen: das ist das größte Weihnachtsgeschenk von Gott her: daß ER sich radikal einlässt in die Menschheitsgeschichte und uns in diesem vom Himmel her verlaufenen Kind Hoffnung entgegenträgt; Hoffnungslicht für die, die an ihrem Menschsein zweifeln; Hoffnungslicht für die, die sich missverstanden oder unbeachtet fühlen; Hoffnungslicht für die Einsamen, für die Verfolgten ...

Sie alle, die Armen wie auch die Reichen, bekommen an Weihnachten ein erneuertes Ansehen, weil uns in diesem Kind, in Jeschua (und »Jeschua« bedeutet: Gott hilft und erlöst und rettet!) weil uns in diesem Jeschua göttliche Würde entgegenstrahlt und die Strahlen der göttlichen Würde auch unser Menschenantlitz verwandeln wollen.

Ob wir von der Kraft dieser weihnachtlichen Verwandlung nicht leben könnten? Und die anderen nicht neu aufleben lassen müssten?

Doch: wir müssen es, denn aus göttlicher Fülle haben wir alle empfangen, Gnade über Gnade.

lichteinfall

das licht
ist aus
im stall
der welt
seht da
wie licht
ins dunkel
fällt
ein einfall
wie nur gott
ihn kennt
die nacht
sie brennt

die nacht
der stern
das kind
im stall
ein heil'ger ort
im weltenall

Wilhelm Willms

wo gott
und mensch
sich einig
sind
in einem
kind

wir sind
die nacht
er ist
das licht
es trifft
auf uns
und es
zerbricht
seht da
das licht
der welt
an uns
in strahlen
zerfällt

Pater Benedikt

Meditation zum 2. Sonntag nach Weihnachten

Viele Gottesdienste waren es, die wir in den letzten Tagen gefeiert haben, und viele Predigten waren es, die Sie in den letzten Tagen gehört haben. Deshalb möchte ich heute nicht viele Worte machen. Vielmehr möchte ich Sie einladen, einzelne Worte des Evangeliums auf uns wirken zu lassen. Nur wenige Gedanken möchte ich dazulegen:

Kurzes Orgelspiel

Im Anfang war das Wort
Was ist das für ein Wort? Wir kennen viele Worte: Gemeine Worte, Schimpfworte, belanglose Worte. Das Wort, von dem unser Evangelium spricht, ist ein anderes Wort. Es ist Jesus Christus. Das Wort der Liebe, das Gott zu uns gesprochen hat. Sein ewiges Ja – Wort zu unserer Welt und zu uns Menschen.

Orgelimprovisation zu Gl 472 (O Jesu, all mein Leben bist du)

Lektor: *O Jesu, all mein Glaube bist du, Ursprung allen Lichts.*
Meine Hoffnung bist du, Heiland des Gerichts. Meine Liebe bist du,
Trost und Seligkeit. All mein Leben bist du, Gott der Herrlichkeit. O Jesu.

Im Anfang war das Wort. Alles ist durch das Wort geworden und ohne das Wort wurde nichts, was geworden ist.
Dieses Wort der Liebe war am Anfang der Schöpfung. Ja, ohne das Wort wurde nichts, was geworden ist. Anders gesagt: Alles, was geworden ist, die Welt, die Geschichte, das Schicksal, wir Menschen, jeder einzelne, ist durch das Wort geworden. Durch das Wort der Liebe. Also gibt es nichts in unserem Leben, was aus der Liebe Gottes herausfallen kann. Weder Tod noch Leben, weder Engel noch Mächte, weder Gegenwärtiges noch Zukünftiges, weder Gewalten der Höhe oder Tiefe noch irgendeine andere Kreatur können uns scheiden von der Liebe Gottes, die in Christus Jesus ist, unserem Herrn. (Röm 8,38-39)

Orgelimprovisation zu Gl 289 (Herr, deine Güt ist unbegrenzt)

Lektor: *Herr, deine Güt ist unbegrenzt, sie reicht soweit der Himmel glänzt, soweit die Wolken gehen. Fest wie die Berge steht dein Bund, dein Sinn ist tief wie Meeresgrund, kein Mensch kann ihn verstehen. Du hast in Treue auf uns acht, wir sind geborgen Tag und Nacht, im Schatten deiner Flügel. Du öffnest deines Himmelstor, da quillt dein Überfluß hervor, und sättigt Tal und Hügel.*

Und das Wort ist Fleisch geworden und hat unter uns gewohnt
Das Wort wird Fleisch, wird Mensch, wird einer von uns. Gott macht keine leeren Worte – füllt keine ungedeckten Schecks aus -sondern macht Ernst mit seiner Liebe. Wird einer von uns, mit Fleisch und Blut. Erlebt selbst alle Höhen und Tiefen unseres Menschseins. Und kann gerade so uns verstehen. Und ist gerade so uns nahe.

Orgelimprovisation zu Gl 145 (Stille Nacht, heilige Nacht)

Und wir haben seine Herrlichkeit gesehen
Was soll das für eine Herrlichkeit sein, die Herrlichkeit des fleisch-gewordenen Gottes? Was gibt es da schon zu sehen? Ein neugeborenes Kind in einer armseligen Krippe, ein Wanderprediger, der ein karges Leben führt, und schließlich den, der unter unvorstellbaren Qualen am Kreuz stirbt. Dennoch: Wir haben seine Herrlichkeit gesehen. Diese Herrlichkeit ist das, was im Leben Jesu aufstrahlt: Güte, Barmherzigkeit, Men-schenfreundlichkeit. Und in all dem: Die Güte, die Barmherzigkeit und die Menschenfreundlichkeit unseres Gottes. Das ist die Herrlichkeit unseres Gottes: Keine Herrlichkeit eines majestätischen Herrschers, sondern der Charme seiner Liebe, die ihn uns schön, eben herrlich erscheinen läßt.

Orgelimprovisation zu GL 550 (Oh lieber Jesu, denk ich dein)

Lektor: *O Jesu, der uns Freude bringt, du Quell, aus dem uns Kraft entspringt, Licht, das uns Gottes Liebe zeigt, die alles Sehen übersteigt. Du unser Glück in dieser Zeit, du Sonne unsrer Ewigkeit, in dir erstrahlt der Gottheit Schein, laß uns mit dir verherrlicht sein.*

Allen aber, die ihn aufnahmen, gab er Macht, Kinder Gottes zu werden
Auch wir können etwas widerstrahlen von seiner Herrlichkeit. Wenn wir ihn aufnehmen, gibt er uns Macht, Kinder Gottes zu werden. D. h. die Macht, aus dem Vertrauen in die Liebe des Vaters zu leben, eben Kind Gottes zu sein. Und aus diesem Vertrauen heraus erwächst uns die Fähigkeit, – ebenso wie er – in unserem Leben etwas aufscheinen zu lassen von der Güte, der Barmherzigkeit und der Menschenfreundlichkeit unseres Gottes.

Orgelimprovisation zu Gl 622 (Hilf, Herr, meines Lebens)

Lektor: *Hilf Herr meines Lebens, daß ich nicht vergebens, daß ich nicht vergebens, hier auf Erden bin. Hilf Herr meiner Stunden, daß ich nicht gebunden, daß ich nicht gebunden, an mich selber bin. Hilf Herr meiner Seele, daß ich dort nicht fehle, daß ich dort nicht fehle, wo ich nötig bin.*

Als Textblatt lag den Teilnehmern der Text vor:

Im Anfang war das Wort.

Im Anfang war das Wort.
Alles ist durch das Wort geworden und ohne das Wort wurde nichts, was geworden ist.
Und das Wort ist Fleisch geworden und hat unter uns gewohnt.
Und wir haben seine Herrlichkeit gesehen.
Allen aber, die ihn aufnahmen, gab er Macht, Kinder Gottes zu werden.

Peter Kohl

3. KAPITEL

Praktische Aktionen

Ein Adventskalender besonderer Art

In Neckarsteinach und in Hirschhorn führen wir schon seit einigen Jahren unseren »Adventskalender besonderer Art« durch. In der Kirche bzw. an den Fenstern der Bücherei, die bei der Kirche steht, wird jeden Tag, vom 1. bis zum 24. Dezember, ein gebasteltes Bild aufgehängt und dazu eine kleine besinnliche Adventsstunde gefeiert.

Idee: Wir wollten Familien begeistern, den Advent in seinem eigentlichen Sinne zu begehen. Advent heißt »Zeit der Ankunft« und kann eigentlich nur im christlichen Sinn verstanden werden. Deswegen wollen wir uns in den Wochen vor Weihnachten, mit Hilfe eines »anderen, besonderen Adventskalenders«, äußerlich und innerlich auf die Feier der Geburt Jesu vorbereiten.

Vorbereitung: Am besten übernimmt eine Gruppe die Vorbereitung. Bei uns in Neckarsteinach ist es der Gesprächskreis junger Frauen, in Hirschhorn ist es der Kindergottesdienstkreis.

Vor dem ersten Advent werden 24 Familien oder Kinder gesucht, die je ein Transparentbild basteln wollen. Wir sprechen Kinder oder Familien direkt an und fragen auch noch am 1. Adventssonntag (dieser war in den letzten Jahren immer im November), wer mitbasteln möchte. Die ersten Dezembertage verteilen wir unter den Frauen des Gespächskreises, damit für die anderen Bastler mehr Zeit bleibt. Das Thema der Bilder ist Advent. So entstehen im Laufe der Adventszeit 24 verschiedene Kunstwerke mit Kerzen, Heiligen, Sternen und vieles mehr. Als Hilfe wird den Bastlern nur ein quadratisches, schwarzes Tonpapier mitgegeben, nachdem sie eine Nummer gezogen haben oder ihr Wunschdatum angegeben haben. (Den Karton machen wir aus folgendem Grund quadratisch: Im ersten Jahr haben wir den Leuten ein genormtes Rechteck mitgegeben und so nahmen manche diesen Karton hochkant und andere quer. An den Fenstern gab es dann kein richtiges Gesamtbild. Unsere Maße sind jetzt 35cm auf 35cm).

Durchführung: Wenn jemand zum Beispiel die Nummer 8 hat, heißt das, daß das Bild am 8. Dezember um 17.00 Uhr zur Kirche gebracht wird. Die Kirche ist bereits offen und die Kerzen, besonders am Adventskranz, sind entzündet. Diese Aufgaben übernimmt bei uns der Küster. Die Familien werden von einem oder mehreren Mitgliedern der Gruppe, die die Organisation übernommen hat, empfangen. In der Kirche wird das Bild an der Glastür (Windfang) festgemacht, angeschaut, bestaunt und erklärt. Das Tesa, das gebraucht wird und die Liedblätter bleiben bei uns immer an einer bestimmten Stelle in der Kirche liegen, damit sie jeder Verantwortliche zur Verfügung hat. Nach dem Aufhängen gehen wir zusammen zum Adventskranz in die Kirche hinein. Es werden Adventslieder gesungen und/oder diese von den Kindern mit der Flöte gespielt. Wir haben einige Lieder vorher ausgesucht und ca. 20 Liedblätter hergestellt. Es kann eine passende Geschichte erzählt werden; ein weihnachtliches Bilderbuch kann vorgelesen werden, auf alle Fälle wird aber ein Gebet gesprochen. Diese kleine Adventsfeier, zu der natürlich auch die ganze Gemeinde eingeladen ist, dauert ca. 15 Minuten. Sonntags wird das Bild nicht um 17.00 Uhr abgegeben, sondern morgens nach dem Gottesdienst.

Fertigstellung: Am 23. Dezember treffen sich alle Mitglieder des Gesprächskreises um 17 Uhr in der Kirche. Nach der Adventsstunde wird dann gemeinsam unser Adventstor vollendet. Wir haben einen Sternenhimmel gebastelt (gelbe Sterne in schwarzem Tonkarton), den wir über die Eingangstür und die Bilder hängen. Außerdem kleben wir einen ca. 3 cm breiten Rand rund um die Bilder. Wir haben immer zwei Bilder nebeneinander und sechs Bilder untereinander Bild an Bild geklebt und dies auf beiden Seiten des Eingangs unserer Kirche. Mit diesem schwarzen Rand wird aus den Einzelbildern vom Gesamteindruck ein großes Bild mit vielen verschiedenen Teilen.

Abhängen der Bilder: Nach dem Dreikönigsfest werden alle Beteiligten und auch die Gemeinde noch einmal in die Kirche eingeladen, um gemeinsam die Bilder wieder abzuhängen. Auch hierbei wird gesungen, gebetet und gedankt. Zum Ausklang geht es dann noch ins Pfarrheim zum Gespräch bei Tee und Gebäck.

Erfahrungen aus den letzten Jahren: Es macht viel Freude und auch eine Menge Arbeit, so ein Projekt durchzuführen. Das allererste Mal haben wir nur die Bilder an der Tür aufgehängt ohne besinnliche »Stunde«. Dies war nicht befriedigend, zumal wir meist vor verschlossener Kirche standen. Seit unser Küster uns die Türen schon vorher öffnet und die Kerzen anbrennt, fühlen wir uns willkommen.

Bei der Suche nach den 24 Familien haben wir verschiedenes erlebt. Es war schon ganz leicht genügend Bastler zu finden, aber auch schon schwierig. In diesem Jahr haben wir auch mit den Kommunionkindern gebastelt, dazu haben wir ein großes Bild geviertelt. Jedes Kind hat seinen Teil bearbeitet, wir haben die Viertel wieder aneinander gefügt und so wieder unser Fensterbildformat erhalten. Wir haben dann in jeder Adventswoche, nach der Kommunionstunde, ein Bild gemeinsam aufgehängt.

Es war schön zu erleben, daß auch Erwachsene sich mit großem Eifer an ihr Werk gemacht haben. Doch gibt es für Transparentbilder nicht viele Vorlagen. Das heißt, so mancher hat auch erfahren müssen, daß es nicht leicht ist, solch ein Bild herzustellen. Bei uns gibt es Meisterwerke und richtige Kinderwerke. Wir finden diese Vielfalt schön und betonen dies auch immer wieder. Jeder soll und kann sich mit seinen Fähigkeiten einbringen.

Auch gibt es mittlerweile Familien, die ihre eigenen Ideen zu dem besinnlichen Teil mit einbringen. Es wird schon mal eine Geschichte mitgebracht, die Kinder bringen ihre Instrumente mit und spielen uns ein Lied vor.

Auf alle Fälle haben viele von uns das Gefühl, daß dieser »Adventskalender besonderer Art« im Advent uns hilft, immer wieder an das eigentliche Geschehen, die Geburt Christi, erinnert zu werden und in der allgemeinen adventlichen Hektik für einige Zeit den Frieden des Hauses Gottes spüren zu dürfen.

Dieter Klement

»Wege entstehen, wenn wir sie gehen«

Eine Gemeinde gestaltet ihren Adventsweg

Vorbemerkung

Begonnen hat dieser Adventsweg eigentlich mit einem Brief, den ich aus der Pfarrei St. Markus in Elgersweier bei Offenburg erhielt. Nebenbei berichtete der dortige Pastoralreferent von dem »Adventsweg« in seiner Gemeinde. Auf meine Bitten schickte er mir seine Dokumentation zu, die mich faszinierte. So kamen wir auf die Idee, in unserer Gemeinde ebenfalls einen Adventstag zu gestalten, der natürlich bei uns anders verlief als in Elgersweier. Aber wichtig war der gegenseitige Austausch.

»Wege entstehen, wenn wir sie gehen«, dieses Wort der Schriftstellerin Andrea Schwarz hat unsere Pfarrgemeinde im vergangenen Advent begleitet.

In der Einführung zu Beginn des 1. Advents hieß es: »So machen wir uns als Gemeinde wieder auf den Weg nach Betlehem. Diesen Adventsweg sollen verschiedene Gruppierungen der Pfarrgemeinde Stück für Stück auf unterschiedlichste Weise mitgestalten. Ein Symbol auf dem Weg soll das jeweils sichtbar machen«.

An jedem Adventssonntag wurden die neuen Symbole vorgestellt und erklärt; diese Erklärungen wurden auch am Adventsweg angebracht, sodaß jede/r KirchenbesucherIn den Weg verfolgen konnte.

Die verschiedenen Symbole

Das erste Symbol hat der Pfarrgemeinderat am 1. Advent aufgestellt: «*Eine Schale* als Symbol des Pfarrgemeinderats, die alles, was in unserer Gemeinde passiert, auffangen und mittragen möchte. Die Schale ist *gefüllt* mit Wasser als Zeichen der Taufe. Die *Steine* in der *Schale* stehen für alles, was in unserer Gemeinde belastet: Streit, Unfrieden, Ängste, Leid, Krankheit und Tod. *Die Kerzen,* die auf dem Wasser schwimmen, sind Zeichen der Hoffnung, die wir ausstrahlen, und der Zusage Gottes, Licht zu sein«.

Weiter kam auf den Weg dazu ein *kleiner Flügelaltar*, den die Kinder im Laufe der Adventswochen mit je einem Bild schmückten. Je ein Bote Gottes war auf dem Bild dargestellt: Zuerst war es Raphael, der den jungen Tobias auf seiner Reise begleitet; dann kam der Bote hinzu, der dem Propheten Bileam erschienen ist, um ihm den rechten Weg zu zeigen. Es folgte der Engel Gabriel, der Maria die frohe Botschaft von der Geburt Jesu brachte, und der Engel, der Josef im Traum Mut machte, Maria als seine Frau zu sich zu nehmen.

Die *Videocassette mit dem Konzert* des Gesangvereins »Frohsinn« in unserer Kirche erinnert an dieses Adventserlebnis anlässlich des Weihnachtsmarktes und an die Spende für das Jugendsozialprojekt in São Paulo. Das *Gebetsblatt vom Hausgottesdienst* zeigte, daß in vielen Familien der Gebetsabend gehalten wurde.

Der Kath. Frauenbund stellte die Barbarazweige dazu, zusammen mit einer *kleinen Wolldecke* und einem *Bild mit behinderten Menschen.* Die Zweige wollten Zeichen der Hoffnung in Kälte und Dunkelheit des Lebens sein, die Wolldecke Zeichen für die praktische und finanzielle Hilfe für Missionsprojekte in Brasilien und Afrika, das Bild erinnerte an das langjährige Engagement für behinderte Menschen.

Die Kolpingfamilie stellte einen *Wegweiser,* »*Füße*« und ein *Netz* dazu: Der Wegweiser sollte die verschiedenen Ziele und Bereiche der Kolpingfamilien und des Kolpingwerkes aufzeigen. Die Füße machten deutlich, daß der Verband in Bewegung bleiben soll. Wie ein Netz wird das Tun im Verband und in der Gemeinde gehalten vom Glauben, der uns verbindet und trägt.

Der Gebetskreis, der sich jeden Mittwoch um 19 Uhr im Meditationsraum trifft, stellte *eine Bibel* auf den Weg. »Vollkommen ist Gottes Weg, das Wort des Herrn ist im Feuer geläutert. Ein Schild ist er für alle, die sich bei ihm bergen« (Sam 22,31).

Als Zeichen der christlichen Verbundenheit stellte die evangelische Gemeinde Peter und Paul – anlässlich ihres 90-jährigen Kirchenjubiläums – ihre *Taufkanne* als Symbol an unseren Adventsweg. Wie das Sakrament der Taufe alle Christen verbindet, wollten wir auch gemeinsam den Weg nach Betlehem gehen.

Von der Lichtfeier am 2. Adventssonntag brannte *eine Kerze* am Weg.

Vor der monatlichen Krankenkommunion stellten wir *einen Krug* dazu: Alle Krankheit, alle Schmerzen und Trauer und alles Leid wollten wir in diesen Krug legen und dem Herrn übergeben: »Er möge unseren Kranken und allen, die Leid tragen, sein Heil schenken« (GL 106,5).

Die Caritashelferinnen trafen sich zu einem besinnlichen Nachmittag und einem »Dankeschön-Kaffee«. Als Zeichen für die Caritassammlung liegt *ein Geldbeutel* auf dem Adventsweg mit dem Motto der Caritas und dem Wort: »Damit aus Worten Taten werden«.

Beim Rorategottesdienst mit dem Thema »Bereitet den Weg des Herrn« wurden Verkehrszeichen an den Weg gestellt: Das *Tempo-30-Schild* sagte: Lass es langsamer angehen, dann kommst du gefahrloser, ruhiger und ausgeglichener ans Ziel. Das *Stopp-Schild* wollte ausdrücken: Halte an, auch wenn es nur kurz ist. Gönne dir eine Atempause, bevor es weitergeht.

Das *Schild für Parkplatz* wies uns darauf hin, daß es rechts und links vom Weg Orte gibt, die uns einladen, länger zu verweilen, an denen wir sogar aussteigen können, um Atem zu schöpfen und Kraft zu tanken, bevor wir in den Alltag zurückmüssen.

Abwechselnd stellt sich ein Mitglied unserer Gemeinde zur Verfügung, um mit dem Pfarreibus ältere Menschen zum Gottesdienst zu fahren. Als Zeichen für diesen Dienst stand *ein kleiner Bus* auf unserem Adventsweg.

Unsere Kranken erhalten auf Wunsch jeden Sonntag eine Aufnahme des Gottesdienstes, ein Team von vier Männern wechselt sich dabei ab. Eine *Cassette* wollte diesen Dienst symbolisieren.

Dem Eine-Welt-Kreis liegt der *»Blick über den Tellerrand«* am Herzen. *Das junge Paar* auf dem Bild auf dem Weg in die Zukunft sollte die Hoffnung symbolisieren, den Hunger, die Armut und die Not der Welt ein wenig zu lindern.

Hieronymus sagt: »Wenn du ein gutes Buch liest, redet Gott mit dir«. Die Mitarbeiterinnen der Kath. Bücherei wollen mithelfen, daß besonders die Kinder den Zugang zu guten Büchern finden können. Als Zeichen dafür lag *das Buch* »Hilfe – die Herdmanns kommen«.

Das Kleinkindergottesdienstteam der Gemeinde stellte eine *Schale mit Sonnenblumenkernen* dazu. Sie sollten zeigen: Aus kleinen Kernen kann sich Großes entwickeln.

Die Senioren, die ihren Gottesdienst im Advent unter das Motto »Schlüssel Davids« stellten, legten einen *Schlüssel* dazu: Christus möge die Herzen aller aufschließen.

Die Frauen, die unsere Kirche schmücken, stellten einen *kleinen Weihnachtsstern* auf den Weg.

Beim Rorategottesdienst der Jugend mit dem Thema »City of Angels« kam *ein Engel* hinzu. Sogar die Jugendlichen der Offenen Jugendarbeit, denen die Anbindung an die Kirche eher fehlt, haben *einen Adventskranz* dazugestellt: Einerseits ein echter Willkommensgruß für den Herrn und andererseits die Hoffnung, daß ein kleines Licht brennt.

Die neue Singgruppe »Come together« legte einen *Notenschlüssel* dazu. Die Kantorei machte mit dem *»Gotteslob«* deutlich, was ihr Ziel beim gemeinsamen Singen ist.

Unsere Kinderschola brachte eine *Schüssel mit Gummibärchen* auf den Adventsweg und die Krabbelstuben ein *gemaltes Bild mit kleinen Kindern, die sich in einem Kreis an den Händen halten.*

Alle diese Symbole zeigten keine zusätzlichen Aktivitäten auf, sondern machten der Gemeinde deutlich, was alles geschieht. Es war spannend mitzuverfolgen, wie sich dieser Weg Woche für Woche belebte. Nach dem guten Echo in den Gruppierungen und Verbänden, ja in der ganzen Gemeinde, beschloss der Pfarrgemeinderat einstimmig, in der nächsten Adventszeit einen ähnlichen Adventsweg zu gehen.

Karlheinz Buhleier

Aktion Adventsfenster in Viernheim

Vor drei Jahren entstanden sie zum ersten Mal, die Adventsfenster in Viernheim. Eine Mutter mit Kleinkind hatte diese Anregung im Essener Adventskalender 1995/96 entdeckt und die Idee in ihrer Krabbelgruppe weitergegeben. Relativ schnell, noch ein bißchen improvisiert, wurde sie zur Adventszeit 1996 in die Tat umgesetzt. Bei verschiedenen Bekannten angefragt, erklärten sich Familien, aber auch die Hauptamtlichen in den vier Pfarrhäusern der Stadt bereit, ein Fenster zu gestalten und zur feierlichen Öffnung einzuladen.

Täglich treffen sich Familien mit Kindern aus den Gemeinden, Nachbarn, jung und alt, um 17 Uhr an einem Fenster in der Stadt. Mit Liedern und Texten wird das Fenster feierlich eröffnet. Bei der Gestaltung des Fensters sind der Phantasie keine Grenzen gesetzt. Mit allen möglichen Materialien, von Fingerfarbe bis Transparentpapier und Window Color ist alles vertreten. Entweder werden Geschichten oder adventliche Symbole ans Fenster gezaubert. Wenn eine Familie theatererprobt ist oder eine Kommuniongruppe mitgestaltet, kann es auch schon mal sein, daß eine kleine Aufführung auf die Besucher wartet. Zur Belohnung gibt es anschließend noch Glühwein und Gebäck. Viele Gespräche und Bekanntschaften sind so in den Jahren entstanden und der vielbeschworene Pfarrverband, der oft in der Struktur nicht funktioniert, ist hier wie von selbst aktiv. Viele haben es zu schätzen gelernt, am Abend noch mal eine halbe Stunde aus dem Haus zu gehen, manchmal auch verzaubert durch Schnee, sich auf den Weg zu machen, an einem Haus bewußt anzukommen, und die Öffnung des Fensters zu genießen – und dadurch die Adventszeit miteinander bewußter zu erleben. Die Kinder freuen sich dazu noch auf das anschließende Herumtollen, die Plätzchen und die Freunde. Nachbarschaften werden so intensiver, die Stadt wird erkundet.

Bisher ist diese Aktion eher im katholischen Bereich geblieben, aber das heißt nicht, daß nicht jeder willkommen wäre. Die evangelischen Gemeinden haben sich jedenfalls auch schon interessiert danach erkundigt. Und oft stellen sich auch Schaulustige ein, die die Kerzen und der Gesang in die Straße anzieht.

Wichtig dabei war und ist uns bis heute geblieben, daß es im strengen Sinn kein Adventskalender – wie im Essener Kalender beschrieben – sein muß, sondern daß die Fenster nur an den Wochentagen von Montag bis Freitag geöffnet werden. Wichtig ist die gleichbleibende Uhrzeit, immer um 17 Uhr. Für die Kinder stehen immer Kerzen oder besser Teelichter im Glas bereit. Damit die Gastgeber es recht einfach haben, bringt jeder, soweit er daran denkt, seine Tasse selbst mit und das Treffen findet ausschließlich draußen vor dem Fenster statt. Ein Korb mit Kerzen und Liedzettel wird immer weitergegeben. 1999 wurde so auch das Friedenslicht weitergereicht.

Die Initiatoren werben vorab durch Mundpropaganda, Gottesdienstordnung und über die örtlichen Tageszeitungen für Mitgestalter. Inzwischen ist es so, daß ganz verschiedene Gruppen, einmal sogar ein Teeladen, bei der Aktion mitmachen.

Ist die Liste der Mitgestalter voll, wird sie wiederum an die Gottesdienstordnung, die Tageszeitungen und als Plakate an die Gemeinden weitergegeben. Die vier katholischen Kindergärten erhalten Handzettel, um sie in die Fächer der Kinder zu verteilen.

Ein Ablauf, der mir besonders gut gefallen hat:

Vor dem Haus, auf einer großen Terrasse begrüßt die Mutter der Familie alle Gäste. Die Kinder haben jeder eine Kerze in der Hand, und Kerzen leuchten im ganzen Garten. Ein Lied wird angestimmt: Wir sagen euch an den lieben Advent. Da wir schon in der dritten Adventswoche sind, werden alle drei Strophen gesungen. Danach wird der Rolladen am Adventsfenster hochgezogen und man sieht ein schneebedecktes Haus auf dem Fensterbrett stehen. Eine Puppe, ein Hase, ein Fuchs und ein Bär bevölkern das Haus, rundherum ist die ganze Szenerie richtig heimelig mit einer Lichterkette beleuchtet. Mit ein paar Utensilien ist in der Ecke der Terrasse ein Lager hergerichtet.

Und dann beginnt die Geschichte. Während eines Schneesturms bekommt Anderl (gespielt vom älteren Sohn der Familie) des Nachts in seinem Haus Besuch von einem Hasen (gespielt vom jüngeren Sohn). Anderl läßt ihn ein und feuert den Ofen an und bald kehrt Ruhe im Haus ein. Da klopft ein Fuchs an die Tür, der einen erfrorenen Zeh beklagt. Der Hase will den Fuchs nicht hereinlassen, doch der verspricht, ihn nicht aufzufressen und so läßt Anderl ihn ein. Alle schlafen in seliger Ruhe, bis – man glaubt es kaum – ein Bär (mit freudigem Lachen wird der Familienvater in Bärenkluft von den Zuschauern begrüßt) mit steifgefrorenen Ohren anklopft. Auch er darf eintreten, und so schlafen alle friedlich bis in den Morgen. Und dann verlassen nach und nach Hase, Fuchs und Bär wieder das Haus. Anderl, der als letzter aufwacht, denkt zuerst, er habe geträumt. Aber als er vor der Haustür die Spuren der drei Tiere entdeckt, nickt er und lacht und sagt:

»Tatsächlich, wir haben alle miteinander diese Nacht ganz friedlich zugebracht – was so ein Schneesturm doch alles macht!«

Die Geschichte heißt: »Es klopft bei Wanja mitten in der Nacht« von Reinhard Michl und Tilde Michels – und da der Sohn der Familie Anderl heißt, wurde die Geschichte kurzerhand umbenannt.

Nach einem kräftigen Applaus für die Darsteller wird ein weiteres Lied gesungen.

Ein Gedicht von Paul Reding schließt sich an:

Weihnachten
In meiner Straße
ist Betlehem.
Du und ich,
wir sind keine Hirten.
Die Krippe steht
Im brüchigen Mietshaus
Nebenan oder im
schäbigen Betonklotz
gegenüber mit Menschen,
die sich nicht kennen,
den vereinsamten Alten,
den Alleinerziehenden,
den geschiedenen
Männern und Frauen
Den Familien, gelangweilt
vor dem Fernseh- und
Videogerät.
Die Krippe ist in den von uns
gemiedenen Hinterhöfen
bei den Tamilen und Türken.
Der Stern leuchtet
Elektrisch über dem
Kaufhauseingang
In der Hauptstraße.
Aber in meiner Stadt
ist Betlehem
du und ich,
wir sind Hirten.

Ein Lied zum Schluß rundet die Aktion ab.
Anschließend lädt die Familie noch ein zu Glühwein, Kinderpunsch und
Plätzchen. Nach einer halben bis dreiviertel Stunde haben alle wieder den
Heimweg angetreten und überlegen, ob sie morgen zum nächsten Fenster
gehen. Wenn es morgen nicht klappt, dann aber sicher noch einmal
irgendwann im Advent...
Dorothea Busalt

Lebendige Krippe – Weihnachten zwischen Füttern und Misten

Vom 22. Dezember bis zum Sonntag nach dem Fest »Erscheinung des Herrn« ist in unserer Gemeinde St. Michael in Viernheim eine »Lebendige Krippe« aufgebaut. Den »tierischen« Rahmen bilden ein »Ochse« (in dem Fall eine einjährige Kuh), fünf Schafe und zwei Esel. Im Stall sind als Figuren Maria, Josef und ein Hirte zu sehen. Eine Puppe liegt als Kind in der Krippe.

Wie es dazu kam? Seit vielen Jahren bin ich, gemeinsam mit dem Vorbereitungskreis für Kinder- bzw. Kleinkindergottesdienste am überlegen, wie wir die Frohe Botschaft von Weihnachten Kindern am besten »vermitteln« können. Eigentlich geht es ja, insbesondere bei Kindern, weniger um eine kognitive Vermittlung des Ereignisses der Geburt Jesu, sondern um das **Erleben,** daß Gott Mensch geworden ist. Wir haben uns immer gesträubt, ein traditionelles, frommes Krippenspiel als passenden Folklorerahmen eines gut bürgerlichen Weihnachtsfestes zu liefern. Durch die persönliche Beschäftigung mit dem Weihnachtsevangelium haben wir gespürt, daß es um mehr und um anderes geht.

Theologisch gesehen ging es vor allem dem Evangelisten Lukas darum, den krassen Unterschied zu Kaiser Augustus herauszuarbeiten, der sich eigentlich »Friedensbringer« nennen ließ. Lukas stellt ihm das Bild des kleinen, unscheinbaren und wehrlosen Kindes gegenüber, um zum Ausdruck zu bringen: So fängt Gottes Friede an; ganz klein und unscheinbar. Gottes Frieden kommt nicht durch Gewalt, sondern durch kleine, unscheinbare, ja fast alltägliche Dinge wie z.B. ein kleines Kind. Deshalb müssen wir still werden, um ihn wahrzunehmen. Wir müssen uns gut vorbereiten, um seine Ankunft nicht zu verpassen. Wir müssen unser Herz »aufräumen«, damit **er** Platz hat.

Weihnachten bringt die Botschaft von Gott auf den Punkt: »Das Volk das im Finstern wandert, sieht ein großes Licht« (Jes 9,1). Es ist die Zusage an alle bedrückten und verängstigten Menschen, die den Lebensmut verloren haben: Habt Vertrauen zu Gott. Gott läßt euch nicht allein. In dem kleinen Kind in der Krippe ist Gott selbst Mensch geworden. Er will euch trösten, wärmen, euch in sein Herz schließen. Das ist, denke ich, auch die Faszination der Krippe und des kleinen Kindes. Es ist ein Symbol der Hoffnung und der Zukunft. So wie das kleine Baby noch sein ganzes Leben vor sich hat, so schenkt Gott auch uns Zukunft. So spontan wie das kleine Kind unsere Zuneigung gewinnt, so spontan und unmittelbar liebt Gott uns Menschen. Das will uns das kleine Kind in der Krippe sagen.

Aus all diesen Überlegungen heraus hatten wir uns bisher jedes Jahr für ein Krippenspiel entschieden, das die frohe Botschaft in einen aktuellen Zusammenhang bringt mit dem Lebenskontext unserer Zielgruppe, der Kinder. Mittlerweile begannen wir mit Kleinkindergottesdiensten für Kinder bis zum Kindergartenalter. Nun begannen die Überlegungen von neuem, denn zu allem, was wir den Kindern erklären wollten, schauten sie uns nur mit großen Augen an. Wir mußten unseren Ansatz von Gottesdienstgestaltung radikal verändern und fast ausschließlich über die sinnliche Wahrnehmung die frohe Botschaft erlebbar machen. Als schließlich das Weihnachtsfest vor der Tür stand, waren wir einigermaßen ratlos. Einerseits wollten wir die Freude über die Geburt Jesu auch die Kleinsten erleben lassen, andererseits wollten wir nicht nur die fromme Legitimation des familiären Weihnachtsfestes bieten.

Eine Idee wurde geboren: Wenn wir schon die Geburtserzählung in der Verkündigung haben, dann könnten wir das eigentlich auch »richtig« darstellen, damit sich die Kinder das kleine, verletzliche Kind in der rauhen Krippe wirklich vorstellen können. Wenn schon Krippenspiel, dann auch richtig. Und so kamen wir zur »Lebendigen Krippe«.

Wir »macht« man nun im einzelnen eine »lebendige Krippe«? Zuerst einmal habe ich allen Menschen, die mir über den Weg gelaufen sind, von der Idee erzählt. Einige haben nur verwundert den Kopf geschüttelt, aber zwei Menschen konnte ich davon begeistern – glücklicherweise zwei handwerklich begabte Menschen. Wir haben uns zusammengesetzt und einen Plan entworfen. Das Gelände war schnell gefunden, denn es kam eigentlich nur ein kleines Wiesenstück zwischen Kirche und Kindergarten in Frage, das ungenutzt war. Wir investierten 600 DM in sog. »Schwarten«, das sind ungesäumte Bretter, die wir uns aus dem Sägewerk besorgten. Außerdem durften wir in einer Fichtenschonung die überzähligen Fichten fällen und konnten sie zu 2-3 Meter langen Holzstangen verarbeiten. Mit diesen Grundmaterialien bauten unsere zwei Handwerker an ca. fünf Nachmittagen eine Krippe in der Form eines Zeltes und einen kleinen Unterstand für die Tiere (ca. 10 m^2). Mit den übrig gebliebenen Stangen wurde ein Zaun gebaut, der Krippe und Stall einbezog.

Die Krippe war fertig! Aber sie war noch nicht lebendig. Also, woher die Tiere nehmen? Das mit den Schafen ging am schnellsten, da mein Bruder eine Schafzucht betreibt. Schafe sind generell sehr unkompliziert und brauchen keinen festen Stall. Dann kam die Suche nach einer Kuh. Nachdem ich einige Viernheimer Landwirte angerufen hatte, war mir klar, daß die Sache scheitern würde. Eine große Kuh kam für uns nicht in Frage, weil sie den Spielern gefährlich werden könnte und ein Kälbchen wollten die Bauern nicht hergeben, weil diese unbedingt Stallwärme brauchen. Letztendlich wurden wir im rauhen Odenwaldklima fündig, bei einem Bauern, der seine »halbwüchsigen« Kühe fast den ganzen Winter auf der Weide läßt. Er war gerne bereit uns auszuhelfen.

Die Suche nach einem Esel gestaltete sich am schwierigsten. Der eine war trächtig, der andere zu wild. Wieder andere Bauern trauten uns nicht über den Weg. In unserer Not gaben wir sogar ein Zeitungsinserat auf: Esel gesucht. Wir bekamen auch einige empfohlen, nur vierbeinige waren nicht darunter. Schließlich entdeckte eine Erzieherin auf dem Heidelberger Weihnachtsmarkt einen Streichelzoo mit zwei wunderschönen Eseln. Unsere Erleichterung war riesig, als der Besitzer auch noch gerne bereit war, sie uns zu überlassen. Es gab nur einen Haken: Der Weihnachtsmarkt endete am 22.12. um 22.30 Uhr. Darauf folgte eine Mitternachtsaktion, die ich sicher nicht vergessen werde. Immerhin: Nachts mit zwei Eseln durch die Heidelberger Fußgängerzone zu laufen ist eine nicht ganz alltägliche Beschäftigung.

Kurz und gut: Wir hatten alle Tiere und damit eine »lebendige Krippe«. Nun kamen die ersten Bedenken: Passiert den Tieren auch nichts? Vertragen sie sich? Wer füttert und mistet jeden Tag? Für alles fand sich eine Lösung. Zum einen haben wir beim Bistum kostenlos eine Versicherung abgeschlossen (5000 DM Sachwert) und bei der Versorgung der Tiere haben wir uns abgewechselt. Morgens war ich dran, weil ich als Gemeindereferent meine Arbeitszeit relativ flexibel gestalten kann. Nachmittags kamen Peter und Hermann, die beiden eifrigen Handwerker. Ach übrigens: Fressen wollten die Tiere ja auch noch – und so kauften wir ca. 50 Ballen Heu und einen Sack Hafer.

Der »Heiligabend« rückte näher. Die Kleinkindergottesdienstgruppe hatte das Krippenspiel geübt und die Presse hatte die ersten Vorabfotos für die Ausgabe am 24.12. Drei Kinder aus der vierten Klasse hatten mit mir ein kurzes Rollenspiel geübt. Es konnte losgehen. Aber würden überhaupt Eltern mit ihren Kinder kommen? Wer ist schon so verrückt, am Hl. Abend nicht in die Kirche, sondern hinter die Kirche, auf einen Acker zu gehen? Die Resonanz war überwältigend. Die Leute standen bis auf die Straße, mit den Kindern auf den Schultern, damit diese über die Mauer schauen konnten. Die Eltern waren begeistert von der Idee, und die Augen der Kinder strahlten beim Anblick der Krippe und vor allem bei den Tieren. Fröhliche Weihnachtslieder erklangen nachmittags um 15 Uhr in den Straßen und die Kinder brachten ihre Geschenke für Jesus an die Krippe (Sachspenden für die Moldawienhilfe).

Es war eine einzigartige Stimmung, zugegeben, nicht so feierlich wie die Christmette um 17 Uhr, aber dafür lag eine Ahnung von der wirklichen Bedeutung des Weihnachtsfestes in der Luft: Gott wird Mensch.

Auch in der gesamten Weihnachtszeit und den Tagen danach war der Zuspruch enorm. Kindergartengruppen, Schulklassen und Besucher von Jung bis Alt gaben sich tagsüber die Türklinke in die Hand und auch abends bei guter Beleuchtung war der Andrang immer noch groß. Natürlich konnten die Mütter der Vorbereitungsgruppe nicht in der gesamten Weihnachtszeit als »Maria«, »Josef« und »Hirten« in der Krippe stehen bleiben, so wie es während des Krippenspieles selbst war. Deshalb haben die Erzieherinnen unseres Kindergartens lebensgroße Figuren gebastelt. Der Körper besteht aus einem Lattenkreuz, dem Kleider und Gewänder angezogen werden. Sie sind mit Stoff ausgepolstert und die Köpfe wurden aus Maschendraht hergestellt, der mit Kleister und Zeitungspapier überzogen wurde. So stehen ein Hirte, Josef und Maria die ganzen drei Wochen geduldig in der Krippe und auch das »Christkind«, eine Puppe aus dem Kindergarten, hat sich noch nicht beschwert.

In diesem Jahr gab es noch einige Ergänzungen zur Krippe. Wir haben einen Brunnen gebaut, indem wir einen 2 Meter langen Baumstamm mit ca. 50 cm Durchmesser ausgehöhlt haben. An die Stirnseite wurde ein weiterer Stamm mit ca. 20 cm Durchmesser aufgestellt, mit langen Nägeln befestigt und am oberen Ende durchgebohrt. Durch dieses Loch wurde ein dünnes Kupferrohr geführt, an dessen Ende ein Schlauch befestigt wurde. Der Schlauch wurde durch ein gekipptes Fenster in die Sakristei geführt und an ein Waschbecken angeschlossen. Das Wasser läuft Tag und Nacht als dünnes Rinnsal und versorgt so die Tiere immer mit frischem Wasser.

Außerdem sieht der Brunnen sehr schön aus und erspart uns das tägliche Eimerschleppen.

Von einem Bauern haben wir eine schöne Futterraufe ausgeliehen und an der Krippe befestigt. Die Besucher können die Tiere nun immer beim Fressen beobachten. Ein beleuchteter Weihnachtsbaum ist über dem Stall der Tiere zu sehen und bildet das Gegenstück zum hell erstrahlenden Weihnachtsstern, der über der Krippe leuchtet.

Schließlich fand ich noch ein Poster mit dem Weihnachtsevangelium, das nun am Zaun der lebendigen Krippe hängt und damit für alle zu lesen ist. Natürlich darf auch das Opferkästchen für das Futtergeld nicht fehlen, denn irgendwoher muß ja schließlich das Geld für die ganze Aktion kommen (für das Heu haben wir dieses Jahr 400 DM bezahlt).

Die »lebendige Krippe« bestimmt in der Weihnachtszeit einen guten Teil des Tagesablaufs der Helferinnen und Helfer (dieses Jahr waren wir schon zu fünft). Es ist einerseits anstrengend, aber die vielen freudigen Gesichter der Besucher sind uns immer wieder Ansporn für diesen Dienst. Nicht zuletzt haben wir die »lebendige Krippe« irgendwie in unser Herz geschlossen. Deshalb freuen wir uns, wie die Kinder, das ganze Jahr über auf das nächste Weihnachtsfest.

Im folgenden soll das Krippenspiel wiedergegeben werden, daß einen zentralen Platz beim Gottesdienst am Heiligabend hat – und das wir sehr bewusst in ein Rollenspiel eingebettet haben. Dies will den Gedanken des Evangelisten Lukas aufgreifen und soll damit auch für die Erwachsenen ein Impuls zum Nachdenken sein.

Kleinkindergottesdienst
Krippenspiel am Heiligen Abend

(Maria und Josef ziehen mit dem Esel vor der Krippe hin und her).
Ich will dir von einer Frau und von einem Mann erzählen.
Die Frau heißt Maria und der Mann Josef.
Maria und Josef machen zu Fuß eine weite Reise.
Sie gehen von Nazareth nach Bethlehem.
Maria wird bald ein Kind bekommen. Man sieht es ihr an.

Maria und Josef gehen zum Stall.
Unterbrechung durch ein passendes Lied.

Als sie in Bethlehem ankommen, ist Maria sehr müde.
Aber keiner kann ihnen ein Zimmer geben.
Weil viele Leute in die Stadt gekommen sind, ist keins frei.
Maria und Josef finden einen Stall. Dort bleiben sie.
In der Nacht bekommt Maria das Kind. Es ist ein Junge.
Er heißt Jesus.
Maria packt ihr Baby warm ein und legt es in eine Futterkrippe.
Daraus fressen sonst die Tiere.

Unterbrechung durch ein passendes Lied.

(Die Hirten stehen zwischen Krippe und Unterstand).
Draußen in der Nähe sind Männer. Sie passen auf viele Schafe und Ziegen
auf. Sie sind Hirten.
Zu denen kommt ein Bote. Der sagt:

Engel vor der Krippe den Hirten zugewandt.
»Heute ist Jesus geboren in einem Stall. Er wird euch helfen.
Er wird den Menschen von Gott erzählen. Er ist der Heiland.
Folgt nur dem Stern«

Der Engel tritt wieder ab.
Die Hirten wundern sich über diese Botschaft. Sie sagen:

Wir wollen das Kind sehen, das im Stall geboren ist. Wir gehen es besuchen. Wir folgen dem Stern.

Die Hirten gehen zur Krippe.
Unterbrechung durch passendes Lied.
Dazu werden die Lichter des Weihnachtsbaumes angezündet.

Sie finden das Kind im Stall. Es liegt in einer Krippe. Die Hirten sagen: Dieses Kind ist für uns geboren. Wir wollen Gott dafür danken. Dann gehen sie heim und sind glücklich. Sie haben Jesus gesehen.

CHRISTIANE: *(stellt die Krippe in den Stall)*
– So, jetzt kann's bald Weihnachten werden.
FRANZISKA: *(stellt ein Kreuz an die Krippe)*
CHRISTIANE: Stop. Was willst du denn hier? Du hast dich in der Zeit vertan. Heute ist doch Heiligabend und nicht Karfreitag.
FRANZISKA: Ja, aber wir können doch nicht Weihnachten ohne das Kreuz feiern.
CHRISTIANE: Doch, natürlich. Weihnachten ist Weihnachten und hat nichts mit dem Kreuz zu tun.
FRANZISKA: Nein, das siehst du falsch. Weihnachten, Karfreitag und Ostern gehören zusammen. Wenn Jesus nicht gelebt hätte und gestorben und auferstanden wäre, würden wir heute nicht Weihnachten feiern.
Da hinten kommt übrigens Lukas. Den können wir ja fragen.
CHRISTIANE: Lukas? Wer ist das?
FRANZISKA: Das ist der Evangelist Lukas. Der hat das in der Bibel geschrieben, das mit den Hirten und dem Stall und der Geburt von Jesus. Lukas, komm doch mal her! *(winkt)*
LUKAS: *(kommt)*
FRANZISKA: Lukas, wir streiten, ob das Kreuz und die Krippe zusammen hierher gehören oder nicht.
LUKAS: Natürlich gehört das Kreuz hierher. Schau mal, Christiane. Als ich angefangen habe, die Geschichten von Jesus zu sammeln und aufzuschreiben, da haben mir die Menschen nur von ihm erzählt, als er schon erwachsen war.

Sie haben mir berichtet, wie heilsam seine Nähe war und das er allen Menschen von Gott erzählt hat: Gott ist wie ein guter Hirte oder wie ein barmherziger Vater. Und dann haben sie mir erzählt, wie Jesus gestorben ist und wie Gott ihn auferweckt hat.

Von seiner Geburt, da wußte kaum einer etwas.

CHRISTIANE: Ja, aber – du hast das doch alles aufgeschrieben, mit der Geburt im Stall und so.

LUKAS: Ja, das habe ich getan, weil einige nach seiner Geburt gefragt haben. Aber außer, daß seine Eltern Josef und Maria waren und daß sie in Nazaret gelebt haben, wußte keiner etwas.

CHRISTIANE: Dann hast du dir das alles nur ausgedacht?

LUKAS: Nein, so ist das nicht. Du mußt das so sehen: In den heiligen Schriften der Juden steht, daß der Retter, der Messias, in Bethlehem geboren wird. Da war doch dann klar, daß er eigentlich nur dort geboren sein kann. Und mit den Hirten – das habe ich mir so gedacht: Jesus war doch immer für die armen Menschen da. Da konnten es doch auch nur ganz arme Menschen gewesen sein, denen zuerst die Geburt des Retters verkündet wird. Die Hirten waren damals die ärmsten Leute, die niemand leiden konnte.

CHRISTIANE: Dann ist es ja doch wahr, und es ist richtig, daß wir Weihnachten feiern.

LUKAS: Natürlich. Ich habe in der Geschichte von der Geburt von unserem Glauben erzählt; von unserem Glauben, daß Jesus für uns der Retter ist und daß alles mit seiner Geburt angefangen hat.

CHRISTIANE: Und das hat dich so gefreut, daß du es aufgeschrieben hast?

LUKAS: Ja, und ich freue mich auch heute noch, daß Jesus geboren ist, deshalb möchte ich jetzt mit euch frohe Lieder singen und Gott damit »Danke« sagen. Kommt wir schauen uns die Geschichte einmal an, die ich damals aufgeschrieben habe.

Die Weihnachtsgeschichte (nach dem Lukasevangelium)

Geboren ist das Kind zur Nacht
für dich und mich und alle,

drum haben wir uns aufgemacht
nach Bethlehem im Stalle.

Sei ohne Furcht, der Stern geht mit,
der Königsstern der Güte,
dem darfst du trauen, Schritt für Schritt,
daß er dich wohl behüte.

Und frage nicht, und rate nicht,
was du dem Kind sollst schenken.
Mach nur dein Herz ein wenig licht,
ein wenig gut dein Denken.

Mach deinen Stolz ein wenig klein,
und fröhlich mach dein Hoffen –
so trittst du mit den Hirten ein,
und sieh, die Tür steht offen.

Heut ist die wunderbare Nacht,
da Christus uns geboren.
Nun freut euch alle, singt und lacht,
denn niemand ist verloren.

Ihr ruhet in der Hand des Herrn,
so macht euch keine Sorgen,
seid glücklich, habt einander gern,
und liebt euch auch noch morgen.

Quelle unbekannt

(Die Feier wird mit passenden Liedern gestaltet und die Kinder bringen ihre Gaben zum Jesuskind an die Krippe)

Herbert Kohl

4. KAPITEL

Bußgottesdienst in der Adventszeit

Abrahams Berufung.
Wiener Genesis. Bildarchiv Verlag Herder. –
Als Meditationsvorlage zu bestellen
beim Deutschen Liturgischen Institut Trier,
Postfach 2628, D-54216 Trier
Bestellnummer 3058

Die Kirche ist nur spärlich erleuchtet.
Einzug bei meditativem Orgelspiel.
Eröffnung durch den Priester:

Im Namen des Vaters und des Sohnes und des Heiligen Geistes! Unser
Herr Jesus Christus, der aus Liebe zu uns Mensch geworden ist, sei mit
euch!

Liebe Mitchristen! Erinnern Sie sich noch? Letztes Jahr um diese Zeit gab es viele und heftige Diskussionen darüber, wann denn nun genau die eigentliche Jahrtausendwende sei, bei dem Jahreswechsel von 1999 auf 2000 oder an dem Wechsel von 2000 auf 2001. Und irgendwie war das ein Streit zwischen Kopf und Herz – natürlich konnte man, wenn man in Ruhe logisch nachdachte, irgendwie nachvollziehen, daß der eigentliche Jahrtausendwechsel erst von 2000 auf 2001 stattfindet – und doch hat einen der Wechsel aller vier Jahreszahlen, von 1999 auf 2000, im Herzen viel stärker berührt.

Dem Jahreswechsel in diesem Jahr, auch wenn er die eigentliche Jahrtausendwende ist, können wir erheblich gelassener entgegensehen – ohne Weltuntergangsstimmung, ohne Panik und Angst, ohne all das große Drumherum. Irgendwie – es ist halt ein Jahreswechsel.

Und vielleicht ist das gerade die Chance, sich an diesem eigentlichen Jahrtausendwechsel auf das und auf den zurückzubesinnen, von dem aus wir hier in unserem Kulturkreis die Jahre zählen – zurückzuschauen auf die Geburt des Jesus von Nazareth, Gottes Sohn und doch ein Kind in der Krippe, in Windeln gewickelt. Das kann uns zurückschauen lassen, innehalten – und läßt uns zugleich die Zukunft in den Blick nehmen.

Advent 2000 – das ist zugleich genau so eine Adventszeit, wie es alle Adventszeiten in den letzten Jahren gewesen sind – und wahrscheinlich auch genauso in den kommenden Jahren sein werden: Umtrieb, Streß, volle Geschäfte, überfüllte Parkhäuser, Austausch von Plätzchen-Rezepten, Einkaufslisten, und und und ...Und manche wachen Zeitgenossen mögen sich inmitten dieses Umtriebes schon fragen: Was ist das eigentlich, was wir da feiern – und warum um alles in der Welt machen wir solch einen Aufwand damit?

Und wieder die Antwort: Wir feiern die Geburt Jesu Christi, wir feiern es, daß unser Gott, an den wir glauben, uns Menschen so sehr liebt, daß er selbst Mensch wird, daß er sich in unsere Dunkelheiten und Verirrungen mit hineinbegibt, wir feiern, daß die Liebe Gottes zu uns Hand und Fuß und ein Gesicht bekommt – in Jesus Christus.

Advent 2000 – Grund und Anlaß genug, innezuhalten und sich zu fragen: Wo steh ich derzeit mit meinem Leben? Was habe ich aus dem gemacht, was mir gegeben worden ist? Wie und wofür will ich meine Lebensenergie einsetzen? Wie steht es mit Gott und mit mir? Dazu sind Sie mit diesem Gottesdienst eingeladen.

Kyrie: Gotteslob 103 »Tau aus Himmelshöhen«

Gebet:

Heiliger Gott – du hast uns das Leben geschenkt und du willst, daß wir leben. Du bist das Licht in unserer Nacht.

Heiliger, starker Gott – du bist die Liebe und in dieser Liebe hast du dich uns in deinem Sohn Jesus Christus geschenkt. Du bist uns Menschen nahe.

Heiliger, starker, unsterblicher Gott – du warst vor dem Beginn aller Zeiten und du wirst noch sein, wenn alle Zeiten vergangen sind. Du bist der Herr unserer Jahre und Tage.

Heute abend stehen wir vor dir, um Rechenschaft abzulegen, was wir aus den Geschenken gemacht haben, die du uns gegeben hast, aus dem Geschenk unseres Lebens, aus dem Geschenk deiner Nähe, aus dem Geschenk unserer Jahre und Tage.

Hilf uns, daß wir dies mit aufrichtigem Herzen tun, damit wir erkennen, wo wir uns verirrt und verfehlt haben. Laß uns bereit werden, dort umzukehren, wo es nötig ist. Und schenk uns dein Wort, damit wir uns neu an dir orientieren können.

Darum bitten wir dich durch Jesus Christus, unseren Herrn und Bruder, und in der Kraft des Heiligen Geistes.

Lesung:
Gen 15,1-2c.3b.6.21,1-3 (Meßlektionar II, S. 41)
Gottes Bund mit Abraham

Ansprache und Bildbetrachtung:

Liebe Brüder und Schwestern, liebe Mitchristen,

kennen Sie das? Manchmal, so in ganz bestimmten Stunden, an ganz bestimmten Tagen, wenn irgendetwas einen herausholt aus dem normalen Alltag, da tauchen plötzlich Fragen in einem auf, Fragen wie: Wozu lebe ich eigentlich – und was mache ich da eigentlich grad aus meinem Leben und mit meinem Leben? Geburtstage sind oft so ein Anlaß, oder auch der Jahreswechsel, oder bei anderen sind es ganz persönliche Gedenktage. Manchmal ist es eine Stimmung, eine Erinnerung, ein Datum – manchmal ist es nur ein Anruf oder auch eine Krankheit – aber plötzlich sind sie da, diese Fragen. Wie lebe ich eigentlich – und wie will ich leben?

Diese Fragen muß jeder erst einmal ganz für sich beantworten – es sind die letzten Fragen, vor die uns das Leben stellt – und es gibt keine Rezepte, Ratschläge, Tips oder Tricks dafür – auch wenn man sie manchmal gerne hätte, weil das ab und an mit dem Leben doch schon schwierig sein kann.

Nein, die Antworten auf diese Fragen bekommen wir nicht frei Haus geliefert und die sind auch nicht im Internet abrufbar. Die Antworten für unser Leben, die müssen wir uns schon ganz alleine erarbeiten. Und manchmal ist das nicht einfach.

Und weil das eben manchmal gar nicht so einfach ist, klarzukriegen, wie man richtig lebt, hat der liebe Gott, so denke ich zumindest mal, eine ganz gute Idee gehabt: Er hat nämlich die Heiligen erfunden – Menschen, die vielleicht schon ein bißchen besser als wir verstanden haben, worauf es denn im Leben ankommt, und wie man das denn macht mit dem Leben … Die Heiligen, die haben uns das ganz menschlich vorgelebt, wie das gehen kann, wie das aussehen kann, wenn man als Mensch versucht, sich dem Leben zu stellen und es gelingend zu gestalten. Und irgendwie schaffen die es, mir das zu dolmetschen, zu übersetzen, was mein Leben soll – und was Gott von mir will. Und das finde ich manchmal ganz schön hilfreich.

Der, von dem wir eben in der Lesung gehört haben, ist im kirchlichen Sinn kein Heiliger. Er lebte zu einer Zeit, in der man solche Wörter noch gar nicht auf einen Menschen hin benutzte. Aber Abraham war ein Mann Gottes – und er war es in einer solchen Art und Weise, daß man die Geschichte seines Lebens schon vor über 2000 Jahren aufgeschrieben hat –

und diese Geschichte ist auch für uns heute noch so lebendig, daß wir sie immer noch im Gottesdienst hören.

Ob uns die Geschichte von Abraham einen Hinweis geben kann, wie man richtig leben kann? Auch wenn diese Geschichte uralt ist?

Ja, ich denke schon – Abraham geht seinen Weg – und dieser Weg hat aus meiner Sicht fünf wichtige Stationen – und jede dieser Stationen hat einen Hinweis für uns.

Falls Sie möchten, nehmen Sie jetzt doch einfach das Bild in die Hand, das in den Bankreihen ausliegt – und folgen Sie mir auf dem Weg des Abraham und seinen Hinweisen für das Leben:

Es ist Nacht, Dunkel – darauf deuten die Sterne hin, die auf dem Bild zu sehen sind. Auf der linken Seite erkennt man eine Mauer, vielleicht ein Haus. Abraham steht davor, schaut zum Himmel empor. Und aus dem Himmel kommt ihm etwas entgegen, ein Finger, der Finger Gottes.

Ein erster Hinweis: Es geht ums Wachsein. Wer schläft, sündigt zwar nicht, aber er kriegt auch nicht mit, was um ihn herum passiert. Wach sein, aufmerksam sein, mit allen Sinnen da sein, präsent sein, die Welt wahrnehmen, Gott für möglich halten – und das gerade mitten in der Nacht, mitten in Dunkel meines Lebens, gerade dann, wenn ich nicht mehr weiter weiß, wenn ich vor einer Entscheidung stehe, …

Der zweite Hinweis: Abraham hört. Er hört die Stimme in seinem Leben, er gibt ihr Raum. Und zum Hören gehört das Schweigen, das Leer-Sein, das von sich absehen. Wer hinhört, stellt nicht sich selbst in den Mittelpunkt der Welt, sondern den oder das, worauf er hört.

Ein dritter Hinweis: Wer wach ist und hinhört, der kommt heraus, der kommt heraus aus seiner Burg, aus seinen Mauern. Der traut der Sehnsucht, der riskiert was, der riskiert sich. Der hat eine Ahnung vom Leben bekommen – und der geht dieser Ahnung nach. Besser, im Suchen nach dieser Ahnung zu scheitern als es gar nicht erst probiert zu haben.

Ein vierter Hinweis: Nur wer herauskommt, wer aus sich selbst heraustritt, wer die Geborgenheit des netten, warmen Zimmers verläßt, wer sich dem Dunkel anvertraut – nur der wird die Sterne sehen. Nur der wird glauben, daß es eine andere Welt gibt, der bereit ist, die eigene Welt zu verlassen, der bereit ist, sich den Sternen zu überlassen. Und das ist jetzt nicht im Sinne billiger Horoskope gemeint, sondern im Sinne des Sternes, der die Weisen aus dem Morgenland zum Aufbruch verführt hat, im Sinne des Morgensterns, der in unserem Herzen aufgeht. Das hat was mit Sehnsucht und mit Verheißung zu tun, das ist das Licht, das unser Dunkel nicht wegnimmt, aber das uns heimleuchtet – es ist das Licht, das uns den Weg nach Hause zeigt.

Ein fünfter und letzter Hinweis: Das, was Abraham erlebt hat, oder vielleicht richtiger: was er an Erleben zugelassen hat, das drängt ihn zum Handeln, zum Aufbruch. Er glaubt, er geht los, ins Ungewisse hinein, auf ein Wort, eine Verheißung hin. Er riskiert sich, er setzt sich selbst aufs Spiel, er fragt nicht nach Gewinn und Verlust – er gibt sich hin.

Tips und Tricks, Rezepte und Lebensanweisungen kann und will auch Abraham nicht geben – aber vielleicht können er und sein Weg uns eine Hilfe sein, unser eigenes Leben zu erforschen, zu überprüfen, wo wir gerade stehen, uns neu zu orientieren – um dann auch aufzubrechen und loszugehen – im Namen dessen, der uns ins Leben gerufen hat, der uns hält und trägt, der uns den Weg weist – kurz: Im Namen Gottes.

Ich möchte Sie einladen, daß wir miteinander das Gebet sprechen, das auf der Rückseite des Bildes abgedruckt ist – und daß wir damit Gott bitten, uns bei der Besinnung auf unser Leben zu helfen, bei uns zu sein, mit uns zu sein.

Die Gemeinde betet gemeinsam:

Ich bin da vor dir, mein Gott. Ich versuche, mein Leben zu verstehen. Du kennst und verstehst mich besser, als ich mich kenne und verstehe. Vor dir darf ich ans Licht bringen, was in mir dunkel ist. Dir muß ich nichts vormachen. Ich darf meine Masken ablegen, darf endlich sein, wie ich bin, wer ich bin. Vor dir darf ich zulassen, was ich vor meinen Mitmenschen zu verbergen versuche. Vor dir darf ich annehmen, was ich sonst nicht an mir wahrhaben will. Wenn um mich herum und auch in mir Stimmen laut werden, die sagen, was nicht sein darf, gibst du dein Wort und sagst zu mir: Du darfst sein. Du darfst sein mit all deinen Fehlern und Schwächen, mit deinem Versagen und deinen Sünden.

Gott, durch Christus hast du mich und mein Leben angenommen – und du hast mich mit all meinen Schwächen und Fehlern angenommen. Durch Christus sagst du mir: Nimm dich an, so wie ich dein Leben angenommen habe.

Ja, Gott, hilf mir, mich zu erforschen. Komm mir mit deinem Heiligen Geist zu Hilfe, damit ich es wage, in das Dunkel meines Lebens zu schauen. Hilf mir, mich zu verstehen.

Schenk mir das Vertrauen und die Hoffnung, daß sich das Dunkel in mir in Licht und Leben verwandelt. Befreie mich in Jesus Christus und durch die Kraft des Heiliigen Geistes zu neuem Leben. Amen.

(Aus dem Gesang- und Gebetbuch der deutschsprachigen Schweiz)

Licht wird ausgeschaltet, nur dämmriges Licht im Altarraum!

Meditative Orgelmusik

Fragen zur Bußbesinnung
(eventuell eine Auswahl treffen!)

I. Wach sein

Wer wach ist, der bekommt mit, was um ihn herum geschieht. Bin ich noch wach für die Überraschungen meines Alltages – oder bin ich schon eingeschlafen in der ermüdenden Routine meiner Tage? Bin ich noch sehnsüchtig nach dem Leben – oder habe ich meine Sehnsucht schon verkauft an den Gehaltszettel, an die Meinung der Nachbarn, an die vielen »du sollst, du mußt«?

Kann ich noch staunen – über den Rauhreif an der Rosenknospe, den Regenbogen, über das Wunder des Lebens – über das Wunder meines Lebens?

Bin ich noch aufmerksam für die vielen kleinen Geschenke des Alltags, ein nettes Wort, ein besorgter Anruf, eine Frage? Und wie reagiere ich darauf?

Gehe ich wach und aufmerksam mit mir selbst um? Habe ich mich angenommen, mag ich mich, mit meinem Alter, mit meinem Körper, meinen Gebrechen? Nehme ich wahr, was als nächster Entwicklungsschritt in meinem Leben ansteht? Arbeite ich an mir – oder lebe ich einfach in den Tag hinein?

Sehe ich nur auf mich und darauf, daß meine Interessen durchgesetzt werden, daß ich recht behalte, daß meine Bedürfnisse gestillt werden? Oder kann ich zulassen, daß auch mein Partner, die Kinder, die Freunde, die Kollegen, die anderen Menschen Interessen und Bedürfnisse haben? Bin ich noch wach für Gott und den Glauben? Bin ich mir bewußt, daß ich durch die Taufe Sohn, Tochter Gottes bin und gibt das meinem Leben eine positive Grundstimmung? Oder lasse ich mich von negativen Gefühlen wie Neid, Mißgunst, Hass und Rache bestimmen?

Kann ich Dunkelheiten in meinem Leben aushalten – oder fliehe ich davor, indem ich sie verdränge, nicht wahrhaben will?

Meditative Orgelmusik

II. Hören

Gott spricht in mein Leben herein. Höre ich noch auf seine Stimme – oder übertöne ich ihn mit Radio, Fernsehen, CD-Player? Lasse ich ihn noch zu mir sprechen?

Halte ich die Stille noch aus? Wann habe ich mir zuletzt eine Zeit des Schweigens gegönnt?

Höre ich anderen Menschen wirklich noch zu, meinem Partner, den Kindern, dem Freund, dem, der mich anspricht – oder schalte ich ab, höre gar nicht erst hin, weil ich ja eh schon weiß, was er sagen will, weil ich mir schon eine möglichst gute Antwort überlege, weil es ja eventuell Konsequenzen mit sich bringen könnte?

Hat das Leise und Unscheinbare in meinem Leben überhaupt noch eine Chance?

Höre ich auf meine innere Stimme, auf mein Gewissen?

Auf was höre ich wirklich? Und von was lasse ich mich beeinflussen? Bin ich neugierig darauf, etwas zu hören, was meine Sensationslust befriedigt?

Meditative Orgelmusik

III. Herauskommen

Leben – das ist die Einladung, immer wieder herauszukommen, die Enge meines Lebens zu verlassen, meine Fesseln zu lösen, falsche Sicherheiten aufzugeben, mich aus meinen eigenen und fremden Gefängnissen zu befreien.

Wovon bin ich abhängig? Von wem bin ich abhängig? Was bindet mich so, daß ich nicht mehr frei handeln kann?

Welcher Besitz besitzt mich so, daß ich davon besessen bin? Daß ich nicht mehr frei bin? Haus, Geld, Auto?

Wie bin ich mit meinem Besitz umgegangen? Habe ich ihn zum Wohle aller genutzt oder wollte ich ihn ganz allein für mich haben?

Wie bin ich mit meinen Fähigkeiten, meinem Können umgegangen? Habe ich sie anderen zur Verfügung gestellt – oder habe ich mich einfach aus der Verantwortung gezogen?

Habe ich andere Menschen als mein Eigentum betrachtet und habe ich einfach über sie verfügt und bestimmt?

Habe ich mich dem Leben gestellt – oder habe ich mich ängstlich in meine vier Wände verkrochen? Habe ich mich riskiert – oder wollte ich mich immer nur absichern, damit ja nichts passiert?

Ist mein Glaube für mich eher eine Art zusätzliche Versicherung, mit einer Liste von Ge- und Verboten, mit Verpflichtungen und Leistungen – oder hat mein Glaube etwas mit Freiheit, Liebe und Hingabe zu tun?

Meditative Orgelmusik

IV. Die Sterne sehen

Wer immer nur auf den Boden schaut, wird die Sterne nicht sehen. Habe ich noch den Mut, in die Weite zu schauen, meinen Blick zu weiten, das ganz Andere in meinem Leben wahrzunehmen und zu sehen?

Kann ich Wesentliches von Unwesentlichem unterscheiden – oder verlier ich mich in den vielen Kleinigkeiten meines Lebens?

Bin ich vielleicht selbst schon kleinlich geworden, reite ich auf Prinzipien herum, auf dem Satz »das haben wir schon immer so gemacht« –

oder kann ich großzügig denken, auch mal fünf gerade sein lassen. Bin ich noch offen für das Neue, das Andere?

Habe ich ein Ziel in meinem Leben oder treibe ich einfach dahin? Hat mein Leben einen Sinn – oder ist alles sinnlos geworden? Glaube ich wirklich an Gott – und glaube ich Gott?

Helfe ich anderen, die Sterne in ihrem Leben zu entdecken? Oder nehme ich ihnen gar die Sterne weg?

Bin ich ein Stern für andere?

Meditative Orgelmusik

V. Aufbrechen, handeln, losgehen

Christ sein heißt, sich aus der Geborgenheit Gottes heraus dem Leben zu stellen, zu handeln, loszugehen. Habe ich mein Leben gelebt – oder habe ich mich damit zufriedengegeben, gelebt zu werden, anderen beim Leben zuzuschauen?

Habe ich mich engagiert und eingesetzt für das Leben? Oder habe ich mich lieber rausgehalten?

Habe ich Mut für das Neue gehabt?

Was habe ich für meinen Glauben getan? Habe ich Gott in meinem Leben Zeit und Raum geschenkt?

Bin ich für meinen Glauben und unsere Kirche eingestanden, auch dort, wo es kritische Anfragen gab?

Habe ich selbst immer so gehandelt, wie Jesus es getan hätte? Waren die Motive meines Handelns lauter und ehrlich?

Habe ich durch mein Handeln Unfrieden gestiftet, Konflikte geschürt, dort, wo es nicht notwendig war?

Habe ich Gott vertraut – oder wollte ich mal wieder lieber alles alleine machen?

Jetzt will er kommen, und ich mache mich auf, ihm entgegenzugehen. Erlösung spricht mein Herz, Befreiung ruft es. Mein Gott, was ist mit all der Schuld, die ich auf mich geladen habe. Frieden ersehnt mein Herz. Ich stelle keine Bedingungen, spricht Gott. Im Grunde fordere ich nichts von dir. Du darfst so sein, wie du bist. Aber wenn du gehst und läufst und rennst und schreist, tu es nicht blindlings. Komm mir entgegen. Wie? Öffne deine Arme, so daß ich dich halten kann, wenn wir uns begegnen. Öffne dein Herz, aber fordere nicht. Es genügt, daß ich spüre, daß du bereit bist zur Versöhnung. Mehr braucht es nicht. Wie wird dann Vergebung von Schuld, Erlösung von Zwängen aussehen? Es wird einer kommen, der dir sagt: Du brauchst dich für dein Leben nicht zu entschuldigen. Und du brauchst dich nicht zu schämen für das, was gewesen ist. Ich nehme dich bei der Hand und führe dich. Das allein macht schon frei. Ich sage dir zu, die Nähe zu Jesus färbt ab. Und aus all deinen Versteinerungen mitten im Wüstensand werden lebendige Wasser fließen.

Michael H. F. Brock

Überleitung zum Schuldbekenntnis:

Laßt uns miteinander bekennen, daß wir schuldig geworden sind Gott gegenüber, unserem Nächsten und uns selbst.
Ich bekenne Gott, dem Allmächtigen. ...

Einladung zum persönlichen Gebet:

Laßt uns vor Gott bringen, wo wir schuldig geworden sind. Laßt uns ein Wort der Reue sagen. Laßt uns überlegen, mit welchem konkreten Zeichen, mit welchem Tun, wir dieser Reue Ausdruck geben wollen. Laßt uns dazu niederknien vor unserem Gott.

Zwei Minuten Stille

Vergebungsbitte durch den Priester:
Der Herr erbarme sich unser, er nehme von uns Sünde und Schuld ...

Friedensgruß (die Gemeinde steht auf):

Im Frieden sein, mit sich, mit den anderen, mit Gott – das kann der, der sich und seine Fehler erkennt, der sie sich und anderen eingestehen kann, der um Vergebung bitten kann, der bereit ist, sich zu ändern. Die Vergebung Gottes ist uns zugesagt – laßt uns jetzt auch unseren Nächsten um ein Zeichen der Vergebung bitten – und geben wir unserem Nächsten ein Zeichen der Vergebung.
Schenkt einander ein Zeichen des Friedens und der Versöhnung.

Überleitung zum Vaterunser:

All das, was uns jetzt beschäftigt und bewegt, was uns berührt und umtreibt, all das, worum wir bitten wollen, all das, wofür wir dankbar sind, können wir in dem Gebet vor Gott bringen, das Jesus selbst seine Jünger gelehrt hat: Vater unser ...

Licht einschalten!!

Danklied Gotteslob 261 »Den Herren will ich loben...«

Segen und Entlassung

Schlußlied Gotteslob 106, 1., 2. + 5.»Kündet allen in der Not...«

Andrea Schwarz

Aus: Michael H.F. Brock, Augenblicke mit Jesus – Ein Begleiter durch das Kirchenjahr, Kösel-Verlag, 1997

5. KAPITEL

Predigten

Adventspredigt zum Lied »Die Nacht ist vorgedrungen«
(Gotteslob 111)

Zu den Texten des 1. Adventssonntags, Lesejahr B

Wenn Sie in den letzten Tagen in der Stadt waren, vielleicht ist es Ihnen da ergangen wie mir:
Da wird einem Weihnachten geradezu um die Ohren gehauen, ja ins Gesicht geschrieen, daß einem Hören und Sehen vergeht.
Erst danach, manchmal lange danach geht mir auf:
Das ist ja ein christliches Fest, es hat mit meinem Glauben zu tun.

Ich möchte dann still werden, still werden, um die ursprüngliche Stätte zu finden, von der Weihnachten herkommt. Ich möchte zurückwandern an den Ort der Sehnsucht, wo dieses Fest erwartet wird, wie ein geliebter Mensch, dessen ich still harre vor einem Begegnen, der zu mir kommt, mich aufsucht an der Stätte meines Wartens.

Bevor wir feiern können, uns beschenken und freuen, lange bevor Weihnachten beginnt, finden wir uns in der Wachsamkeit, zu der das Evangelium heute mahnt. Wer wachsam ist, nimmt sie ernst, die Sehnsucht des Menschen, das eigene Warten und Hoffen.

Im Wort des Dichters klingt es so, das Gebet der Sehnsucht:
»Die Nacht ist vorgedrungen, der Tag ist nicht mehr fern. So sei nun Lob gesungen dem hellen Morgenstern. Auch wer zur Nacht geweinet, der stimme froh mit ein. Der Morgenstern bescheinet auch deine Angst und Pein«.

Von Jochen Klepper stammt dieses Gedicht, im Gotteslob als Adventslied vertont.
Er hat es 1938 geschrieben.
In dunkler Zeit also,

einer Zeit, die für viele Menschen in Deutschland voller Unruhe, dunkler Ahnung und Warten war, auch voll falscher Erwartung, Euphorie und politischen Lärms.

Darin – dieses »Gebet der Sehnsucht«.

Hier steht vor uns, wie in einer Nussschale, unser christlicher Glaube konzentriert – und besungen.

Christlich leben, das heißt, so höre ich dieses Lied sagen, die Wirklichkeit zu sehen, wie sie ist, also ungeschminkt.

Da ist die Rede von Angst und Pein
- ja, das ist menschliches Leben, oft voll Angst und Schmerz und Pein.
Auch: »wer schuldig ist auf Erden...«
Immer wieder werden wir schuldig aneinander.

Sehen Sie sich die Nachrichten abends an – eine Reihe von Klagen und Anklagen, wo Menschen schuldig werden an Menschen ...»Noch manche Nacht wird fallen auf Menschenleid und -schuld«.

Die Zukunft ist nicht notwendig besser als das Heute.

Daraus macht das Lied keinen Hehl. Da können und werden noch dunkle Wolken heraufziehen über der Menschenfamilie, damals wie heute.

Adventlich leben, das heißt aber, nicht stehen zu bleiben bei diesen Nachrichten. Zu warten, zu erwarten, zu erhoffen, sich auf mehr auszustrecken, weil unser Menschenherz immer auch Visionen hat und davon lebt. »Der Morgenstern bescheinet auch deine Angst und Pein«.

Ja, die Not mag bleiben, aber ein neues Licht fällt darauf. »Wer schuldig ist auf Erden, verhüll nicht mehr sein Haupt«. Auch morgen werden wir schuldig, aber es beginnt ein neuer Umgang damit, miteinander.

Die Spuren der Hoffnung bekommen eine Unterschrift in unserem Lied. »Ihr sollt das Heil dort finden, das aller Zeiten Lauf von Anfang an verkündet, seit eure Schuld geschah«.

Noch älter, noch tiefer, noch größer als alle Menschenschuld ist dieses Andere, der Bund Gottes mit uns Menschen, der Bund, der dem Getöse der Schuld standhält.

»Als wollte er belohnen, so richtet er die Welt«. Da zieht ein neues Zeitalter herauf, ein Zeitalter, wo nicht verrechnet wird, sondern geliebt und verwandelt. Dafür setzt Gott seine Unterschrift unter dieses Lied, legt er den Morgenstern auf das Firmament unserer Geschichte: Seinen Sohn, den Einen, in die Krippe. Das ist das Siegel Gottes.

Uns bleibt auf den Weg gegeben:
»Noch manche Nacht wird fallen auf Menschenleid und -schuld. Doch wandert nun mit allen der Stern der Gotteshuld. Beglänzt von seinem Lichte, hält euch kein Dunkel mehr; von Gottes Angesichte kommt euch die Rettung her«.

Und da hören wir das Andere, vom anderen Ende der Bibel, aus dem Buch der Offenbarung:
»Und sie werden sein Angesicht schauen. Und sein Name ist auf ihre Stirn geschrieben«. (Offb 22,4)
Ja, von jetzt an gilt:
Die Nacht ist nicht, ist nie mehr ein Beweis gegen das Licht. Unsere Schuld ist nicht, ist nie mehr ein Beweis gegen die Hoffnung. Unsere Not ist nicht, ist nie mehr ein Beweis gegen die Schönheit dieser Welt.

So gilt für uns als suchende, sehnende, ja adventliche, christliche Menschen, wie das Gebet dieser Hoffnung es sagt:
»Die Nacht ist vorgedrungen, der Tag ist nicht mehr fern. So sei nun Lob gesungen dem hellen Morgenstern. Auch wer zur Nacht geweinet, der stimme froh mit ein. Der Morgenstern bescheinet, auch deine Angst und Pein«.

Paulus-Thomas Weber

Adventspredigt zum Lied »Kündet allen in der Not«
(Gotteslob 106)

Liebe Schwestern und Brüder im Glauben,

Viele Stimmen dringen an mein Ohr:
die Weihnachtsmusik in den Geschäften, die Werbeprospekte im Briefkasten, die Anfragen und Anforderungen im Beruf, die Erwartungen der Familie und die Aufgaben im Verein, die Informationen aus den Medien und die Vorschau im Fernsehen, welche Filme auf keinen Fall verpaßt werden dürfen...,

Viele Stimmen dringen an mein Ohr – erreichen sie mich aber in der Wüste meines Lebens, in der Einsamkeit des Herzens, das fragt, wer mich trägt, auf wen ich mich verlassen kann und wo ich geborgen bin? Erreichen diese Stimmen meine Gefühle, die oft hin- und hergerissen sind zwischen Wut und Trauer, Angst und Hoffnung?

Erreichen sie mein Innerstes, wo die bleibende Frage nach Erfüllung und Sinn meines Lebens schwingt?

Geben diese Stimmen Antwort auf die Nöte unserer Tage: wie wird es weitergehen in einer Kirche, in der die Machtfrage dominiert? Welche Werte werden morgen in unserer Gesellschaft noch gelten, wenn weiterhin die Sozialkultur abgebaut wird?

»Kündet allen in der Not« – so erklingt ein Lied in der Wüste meines Lebens und der Not unserer Tage. Es kündet vom Kommen Gottes, von seiner Anwesenheit mitten in dieser Welt, vom Aufleuchten seiner Herrlichkeit. Erreicht diese Stimme mein Herz?

»Fasset Mut und habt Vertrauen!« Das ist die Ouvertüre jener frohen Botschaft. Mut und Vertrauen wollen zur Grundmelodie meines Herzens werden.

Kennen Sie die Erfahrung: ich freue mich auf eine Begegnung, auf ein Ereignis. Die Vorfreude beflügelt mich, da geht dann vieles leichter von der Hand und die dunklen Wolken über dem Herzen sind verflogen. Die Erwartung der Ankunft Gottes will mein Herz beflügeln. Und wenn Gott kommt, dann haben wir etwas zu erwarten: da wird Friede sein – immer und ewig. »Aus Gestein und Wüstensand, werden frische Wasser fließen« Blinde sehen, Stumme singen, Taube hören, Lahme gehen – die Ankunft Gottes verändert das Leben.

»Allen Menschen wird zuteil Gottes Heil«. Das ist der Refrain, der rote Faden, die Verheißung, die sich durch die Geschichte zieht: Gottes Heil für alle Menschen. »Für alle« – da sind aber auch alle gemeint: die Kinder auf der Straße und die ausgeflippten Jugendlichen, die glücklichen Eheleute und Familien und die in ihren Beziehungen Gescheiterten, die ungewollt Schwangeren und die, die darunter leiden, keine Kinder empfangen zu können, die einsamen Alten und die, die mit dem Tode ringen. Alle, die vor uns gelebt haben und nach uns kommen werden.

»Allen Menschen wird zuteil Gottes Heil«. Das mag paradox erscheinen angesichts der Not und der Wüstensituation vieler Menschen. Die

Botschaft unseres Liedes, es ist die Botschaft des Propheten Jesaja (Jes 35). Sie macht deutlich, daß Gott die Initiative ergreift, daß ER Not und Leid wenden wird.

Wie können wir aber darauf vertrauen?

Nicht die Hände in den Schoß legen und denken, Gott wird's schon irgendwie richten. Wer mit dem Kommen Gottes rechnet, mit dem rechnet auch Gott. Wer auf Gott seine Hoffnung setzt, auf den setzt auch Gott. Wer auf Gott vertraut, dem vertraut auch Gott.

Das Vertrauen auf die Ankunft Gottes läßt mich zum Propheten werden mit der Botschaft auf den Lippen: Fasset Mut und habt Vertrauen. Mut und Vertrauen, das sind die Kräfte, die mich handeln lassen. Nicht den Kopf in den Sand stecken, nicht sich vornehm zurückhalten und nur ja nicht anecken und die Hände schmutzig machen, nicht mein Fähnchen in den Wind hängen ist angesagt: Sondern Prophetin und Prophet sein.

Propheten des Lebens und der Freude und nicht der Finsternis und des Schreckens.

Wer darauf vertraut, daß allen Menschen Gottes Heil zuteil wird, der glaubt an die Berufung eines jeden Menschen, der respektiert die Menschenrechte und tritt für sie uneingeschränkt ein. Unser Glaube an Gott läßt uns an die Berufung eines jeden Menschen glauben. Es ist die Berufung zum Menschsein, zum Menschwerden. Es ist die Berufung, sein Leben auf die Verheißungen Gottes hin zu entwerfen und zu gestalten. Sich dabei gegenseitig zu ermutigen und zu stützen, ist unser Prophetendienst.

Denn in der Vielzahl der Stimmen, die uns täglich erreichen, klingt es befreiend zu hören: »Fasset Mut und habt Vertrauen.«

Albin Krämer

Adventspredigt zum Lied »Wachet auf, ruft uns die Stimme«
(Gotteslob 110)

Zu den Texten vom 3. Adventssonntag, Lesejahr B

Liebe Gemeinde,

noch knapp zwei Wochen bis Weihnachten. Weihnachten – ich bin froh, wenn das alles wieder rum ist. Diese Aussage ist uns allen bekannt. Nicht selten kommt sie uns über die Lippen. Die Begeisterung für Weihnachten finden wir meist nur noch bei unseren Kindern und Enkeln. Selbst Jugendlichen ist Weihnachten oft schon zu viel. Warum ist das so? An Weihnachten gehen wir zu sehr mit unseren Kopf, mit unseren Verstand heran. Unsere Gedanken kreisen um Weihnachten. Und unser Herz?

»Wachet auf, ruft uns die Stimme!« Dieses Adventslied, daß vor genau 400 Jahren verfasst wurde, will genau das, unser Herz ansprechen, unser Herz wach rütteln, es aufwecken. Nicht unseren Geist, der ist wach. Wir alle haben in der vorweihnachtlichen Zeit ein »helles Köpfchen«, wenn es darum geht, was wie für Weihnachten zu organisieren ist. Wohnung dekorieren, Plätzchen backen, Geschenke aussuchen und einkaufen, und vieles mehr. Aber unsere Herzen sind müde geworden.

Johannes, von dem uns im Evangelium berichtet wurde, war ein Mensch mit wachem Herzen. Er war bereit für den, der da kommt und dem er nicht einmal wert ist, ihm die Schuhriemen zu öffnen. Er, der da kommt, vom Himmel prächtig, von Gnaden stark, von Wahrheit mächtig, wie es weiter im Liedtext heisst. Johannes hatte ein waches Herz, das sich rückbesinnt auf das, was es aus der Schrift gehört hat und was der Prophet Jesaja, den Johannes zitiert, auch uns in der Lesung zuruft, nämlich daß wir uns von Herzen freuen sollen über den Herrn, der da kommt. Er – der Bräutigam, der Bräutigam unserer Herzen. Er, der sich mit uns verbünden will, der sein »Ja« sprechen will wie ein Bräutigam zu seiner Braut, der sich auf unser Leben einlassen will, der anklopft an der Tür unserer Herzen.

Doch unsere Herzen stehen nicht eilends auf, werden nicht hell, eilen ihm nicht entgegen, wie es in der zweiten Liedstrophe weiter heisst. Wir wissen, daß er kommt, aber spüren wir es auch? Tief in unserem Innern?

Tagein, tagaus kommt er zu uns, doch wir sehen ihn nicht, weil unsere Herzen noch schlafen. Im Buch »Der kleine Prinz« von A. Saint-Exupéry wird es so ausgedrückt: »Man sieht nur mit dem Herzen gut, das Wesentliche ist für die Augen unsichtbar«. Sehen wir ihn, in den armen und hungernden Menschen, die uns in den Abendnachrichten in unseren Wohnzimmern begegnen? Sehen wir ihn, der uns in der Stadt schlecht gekleidet und unrasiert um Geld anbettelt, oder der alt und gebrechlich vor uns den Weg blockiert, so daß wir nicht schnell genug vorwärts kommen? Sehen wir ihn, wenn unser Lebenspartner, unsere Lebenspartnerin, ein gutes Wort von uns bräuchte, doch wir nur unsere Sorgen im Kopf haben? Sehen wir ihn, wenn unsere Arbeitskollegen benachteiligt oder diskriminiert werden, und wir uns schon auf den Feierabend freuen? Sehen wir ihn, in unseren Nachbarn, die Probleme haben und nicht wissen, wie es weiter gehen soll? Sehen wir ihn, wenn er in der Krippe liegt?

Immer und immer wieder treffen wir auf ihn. Immer und immer wieder wird er in die Dunkelheit unserer Herzen hineingeboren. Wachet auf, ruft uns die Stimme! Wer wach ist, der erlebt jeden Augenblick bewusst, der ist ganz gegenwärtig. Wach ist einer, der die Not des anderen erkennt und handelt, der die Schwachheit und Angst des anderen spürt, der ihn aufrichtet und tröstet. Dies zeigt, sein Herz ist wach, sein Licht wird hell, sein Stern geht auf, für andere.

Wachet auf, ruft uns die Stimme! Wir können Gottes Kommen nur erfassen, wenn wir wachen Herzens sind, wenn wir wach sind und so die Wirklichkeit unseres Gottes erkennen und wahr nehmen. Er, dessen heilende und liebende Gegenwart uns überall einhüllt. Wach sein, bereit sein, für deinen Nächsten, für Gott.

Gott kommt als dein Freund. Er gibt dir Geborgenheit, er vertreibt deine trüben Gedanken, er berührt deine Seele, bis sie singt und dein Herz vor Freude springt. Er, dessen menschenfreundliche Botschaft, dessen Lebensangebot für dich und mich lautet:

Wach auf, du Herz, wacht auf, ihr Menschen – und seht was euch geschenkt wird – Gottes Sohn im Kind von Betlehem.

Denn, kein Aug hat je gespürt, kein Ohr hat mehr gehört solche Freude, die Freude, die unser Herz erfüllt, die Freude, die da heisst – Gott wird Mensch.

Thomas Hart

Grenzen und Grenzenlosigkeit

Die Sinnentfremdung ist eines der größten Probleme unserer Zeit. Sinnlosigkeit breitet sich aus: Menschen führen ein sinnloses Leben, fühlen sich vom Leben und von der Gesellschaft betrogen und flüchten oft in eine »zweckentfremdete«, hohle, leere Scheinwelt. Die Zahl der Drogenabhängigen, der Alkoholiker, der Work-a-holiker, der Verbrauch-a-holiker steigt und steigt und steigt ...

Die Werte unserer Gesellschaft haben sich zweifelsohne gewandelt. Für die Philosophen und Denker der Antike war »Muße« das höchste Gut. Die Arbeit wurde als niedrigste Form der Beschäftigung definiert und auch so verstanden. Heute gehören wir zu einer als »Freizeitgesellschaft« beschriebenen Kultur, und dennoch fehlt uns die Zeit – die Zeit, um wirklich frei zu sein. Uns fehlt die Muße!

Jeder Mann und jede Frau macht sich sicherlich Gedanken über die Probleme unserer Zeit. Ich bin überzeugt, daß ein wesentlicher Teil der Probleme mit der Überschrift »Grenzen und Grenzenlosigkeit« beschrieben werden kann.

Der Begriff »Grenze« und der Begriff »Freiheit« stehen in Beziehung zueinander. Ja, in Beziehung und nicht im Gegensatz! An Grenzen endet man und dieses »Enden« wirkt sich wiederum nach innen aus. Auf den ersten Blick könnte man behaupten, daß eine Freiheit, der man Grenzen setzt, keine Freiheit ist. Zumindest wird Freiheit oft so verstanden bzw. missverstanden. Aber »Grenze« bedeutet nicht in erster Linie, daß ich etwas nicht tun darf, sondern daß ich mich selbst nicht verleugne – daß ich der bleibe, der ich bin, daß ich die Konturen meiner Persönlichkeit definiere und sie zeige. Ich bekomme und behalte Identität nur, wenn ich Konturen habe, Grenzen beachte. Ohne klare Persönlichkeitskonturen bin ich nicht mehr wirklich. So zeigt sich »Grenze« als ein Grundmoment menschlicher Existenz.

Freiheit kann nur innerhalb von klaren Grenzen verstanden und von daher gelebt werden. Freiheit bedeutet nicht Grenzenlosigkeit und kann und darf deshalb auch nicht so beschrieben werden – denn Grenzenlosigkeit bedeutet, ohne Konturen zu sein, und das bedeutet, *nicht* zu sein.

Liebe Schwestern und Brüder, es geht aber um Sein oder Nicht-Sein! Das Atmen und die pulsierenden Gehirnströme sind nicht die einzigen Beweise für das Leben! Leben bedeutet auch Kreativität und die Entfaltung der Einzigartigkeit eines jeden Einzelnen. Gott weiß um uns – er weiß um Dich, um mich! Er ist es, der bis heute schreit: WACH AUF!!! Bilder sprechen oft lauter als Worte. Kurz vor dem zweiten Weltkrieg entstand von dem deutschen Künstler A. Paul Weber das Bild »Mit den Wölfen heulen«. Es stellt eine Form der Grenzenlosigkeit des Menschen in aller Hässlichkeit dar. Ein normalerweise aufrecht gehender Mensch sitzt inmitten einer Gruppe von Wölfen. Er ist verkrümmt und verunstaltet und versucht, sich den Wölfen anzupassen. Seine Identität als Mensch hat er schon aufgegeben – er ist nun weder Mensch noch Wolf. Die Konturen seines Ichs hat er aufgegeben – er hat aufgehört, ein Mensch zu sein, er wollte Wolf werden – und verliert dabei alles und gewinnt nichts. Sein Grund, seine Motivation: Er will nicht auffallen. Er hat Angst.

In diesem Angstzustand höre ich nur noch das Heulen um mich herum. Ich bin wie in Trance. Ich nehme weder mich noch meine Umgebung wahr. Ich mache nur mit – ich heule – ich gebe mich auf. Ich muß nicht überlegen, was ich zu sagen habe, ich muß nicht wissen, was ich denken soll, ich muß nicht lange überlegen – ich muß nur heulen wie alle anderen. Ich bin in diesen Zustand hineingerutscht, weil es so einfacher ist, weil ich Angst hatte, nicht wie die anderen zu sein. Alle anderen sind Wölfe – und so werde ich es auch sein. und doch täusche ich mich, denn ein Wolf kann ich weder werden noch sein – ich kann nur so tun, als ob! Ich werde keine Fragen stellen – ich werde nicht nachdenken – ich werde nicht auffallen – ich werde nicht ich sein – ich werde aufhören, ein Mensch zu sein – ich werde aufhören, ich zu sein.

Und in dieses Chaos hinein spricht Gott: »WACH AUF!! Und hör auf!«

Aufhören – das bedeutet Stop, das bedeutet, Grenzen zu setzen. Aufhören – das bedeutet aber zugleich: »nach oben hören«. Ein »nach-oben-hören« aber, bei dem ich mich selbst aus dem Blick verloren habe, bei dem ich mich ins Dunkle, ins Grenzenlose verloren habe, fällt in die Leere meiner eigenen »Konturlosigkeit«. Ich muß zurück – ich muß aufhören, um überhaupt wieder hören zu können.

Advent – das ist eine Zeit des Hörens. Advent ist eine Zeit der Erwartung. Advent ist eine Zeit, in der Zeit gegeben sein muß, um wieder zu mir zu finden. Es muß still um mich werden. Das Heulen muß aufhören. Ich muß Grenzen erkennen – und wieder hören, aufwärts hören. Die Fesseln der Gesellschaft, die Fesseln meiner eigenen Angst müssen sich lösen. Advent ist keine Zeit, um mit den Wölfen zu heulen, sondern ist eine Zeit der Stille, in der jeder zu sich selbst finden kann.

Gott ist gut – und er will uns gut. Und er bittet um Gehör. Er schenkt sich selbst, damit ich meine Grenzen in ihm wieder finden kann. Er allein ist die Freiheit – er allein ist grenzenlos – er allein bietet Halt.

Möchte ich auf ihn hören?

Dann muß ich aufhören.

Angelo Stipinovich

Predigt zum 2. Adventssonntag, Lesejahr C
Bar 5,1-9, Lk 3,1-6

Erst die Form gibt Gestalt – oder:
Die Botschaft der Weihnachtsplätzchen

Wenn man Menschen fragen würde, was denn für sie zu den wichtigsten Dingen in der Adventszeit gehört, dann hätten sicherlich die Weihnachtsplätzchen eine gute Chance, auf einem der vorderen Plätze zu landen. Irgendwie sind sie wichtig in diesen Tagen – kaum ein Haushalt, in dem nicht gebacken wird, und für diejenigen, die nicht selbst backen, halten die Bäckereien ein großzügiges Angebot bereit, die Zeitschriften sind voll mit neuen Plätzchenrezepten, und wenn man in diesen Tagen irgendwo einen Besuch macht, dann kann man fast sicher sein, daß man unbedingt die Weihnachtsplätzchen probieren muß und vielleicht sogar, ob man nun will oder nicht, gleich eine Tüte mitbekommt. Irgendwie ist das schon seltsam mit den Weihnachtsplätzchen – sie heißen Weihnachtsplätzchen, haben ihre Hochsaison eindeutig im Advent – und scheinen irgendwie wichtig zu sein in diesen Tagen. Und es mag schon stimmen – denn was wäre denn nun der Advent wirklich ohne Weihnachtsplätzchen?

Aber wie so viele Dinge und Zeichen in diesen Tagen, die Barbarazweige, der Adventskranz und der Adventskalender, die liebevoll ausgesuchten Geschenke, die Zeit für einen lange nicht geschriebenen Brief, haben auch die Weihnachtsplätzchen, neben der Tatsache, daß man sie backen, verschenken und selber essen kann, noch eine besondere Botschaft für uns bereit. Und diese Botschaft der Weihnachtsplätzchen hat durchaus sehr viel mit unserem Leben zu tun.

Die Ausgangsfrage für diese Überlegungen lautet: Was macht ein Weihnachtsplätzchen eigentlich zu einem Weihnachtsplätzchen – und eine eher theoretische Antwort darauf würde lauten – ihre Gebundenheit an Zeit und Raum.

Weihnachtsplätzchen haben jetzt, in diesen Tagen, ihre Zeit. Ein Zimtstern im April ist eher ein trauriger Zimtstern, ein Vanillekipferl im Sommer ist eindeutig zur Entsorgung bestimmt – und im September, wenn in den Geschäften die ersten Lebkuchen angeboten werden, will auch noch nicht so die rechte Freude daran aufkommen. Die Weihnachtsplätzchen gehören in eine gewisse Zeit.

Und das ist eine erste Botschaft der Weihnachtsplätzchen an uns: Das zu tun, was eben jetzt zu tun ist – sich innerlich in diesen adventlichen Tagen auf Weihnachten vorzubereiten, das Fest der Geburt Christi, daß Gott aus Liebe zu uns Mensch wird – Weihnachten in uns wachsen zu lassen. Diese Tage tragen eine besondere Chance in sich, eine Chance, die es eben jetzt zu nutzen gilt – und die ich nicht auf April, Juli oder September verschieben kann und darf. Jetzt ist Advent – und jetzt gilt es, die adventliche Botschaft zu leben.

Eine zweite Spur, die die Weihnachtsplätzchen für uns legen könnten, ist die Gebundenheit an den Raum. Oder anders gesagt: Ein Weihnachtsplätzchen wird dadurch zum Weihnachtsplätzchen, daß es eine Gestalt hat, eine Kontur, und damit Grenzen. In dem Klumpen Teig sind Dutzende von Plätzchen verborgen – aber sie sind für uns nicht als Plätzchen erkennbar, weil sie nicht geformt sind. Etwas wird identifizierbar, begreifbar dadurch, daß es eine Gestalt annimmt, eine Form hat. In dem Moment, wo ich ein Förmchen, etwas, das formt, in die Teigplatte hineindrücke, entsteht ein Engel, ein Stern, ein Tannenbaum. Dadurch, daß ich Grenzen ziehe, ein Innen und ein Außen schaffe, wird etwas. Das, was keine Grenzen hat, zerfließt, ist ein Nichts, ist nicht erkennbar. Form, Gestalt und Grenze schaffen überhaupt erst Identität. Der Unterschied zwischen einem Teigkloß und einem Brot liegt eben in der Gestalt.

Und dieser Grundgedanke gilt auch für uns Menschen – ich gewinne Identität dadurch, daß ich mich begrenze, meine Grenzen annehme, Kontur bekomme durch Gestalt. Meine Grenzen geben mir eine Form – und damit unterscheide ich mich von anderen, werde zu einem einmaligen Individuum. In einer »Masse Mensch« werde ich dann unterscheidbar, wenn ich meine mir eigene Gestalt habe und annehme.

In dem Wort »unterscheiden« steckt das Wort »scheiden«, das alte Wort für »trennen«. In dem Moment, wo ich mich unterscheide, trenne ich mich zugleich. Wenn mir erst meine Grenzen Kontur und Gestalt geben, dann muß ich Abschied nehmen von der Illusion, vielleicht doch grenzenlos, allmächtig, allwissend zu sein. Es ist eine Illusion, diese Grenzenlosigkeit – ohne Grenze wäre ich gar nicht ich, würde ich zerfließen. Erst die Grenze macht mich zu der, die ich bin. Erst die Grenze macht mich begreifbar – so wie meine Haut, mein Leib, der Form und Gestalt hat, mich begrenzt, überhaupt erst die Berührung ermöglicht. Und auch Reinhard Mey irrt, wenn er von der grenzenlosen Freiheit über den Wolken singt. Eine Freiheit, die keine Grenzen kennt, ist keine Freiheit, weil Grenzenlosigkeit zugleich immer Ich-losigkeit bedeutet. Ohne Grenzen bin ich nicht, kann ich gar nicht sein, weil ich dann ins Nichts zerfließen würde, so wie ein Eimer Wasser, auf den Boden gekippt, einfach versickern würde. Ich kann und brauche nicht allen Erwartungen an mich gerecht zu werden, sondern darf mich auch bewußt abgrenzen, um mich nicht zu verlieren.

Erst die Grenze schafft Ich und Nicht-Ich, gibt mir Identität, weil es das Andere, das Nicht-Ich, gibt. Oder, wie es Martin Buber sagt: Der Mensch wird am Du zum Ich. Und es gilt auch andersherum: Mein Ich, meine Grenzziehungen, helfen dem anderen, zum Du zu werden.

Ich darf »ja« zu mir sagen, weil Gott sein großes »Ja« zu mir gesagt hat. Ich darf zu meinen Grenzen stehen, darf meine Grenzen haben – weil ich in Gott das grenzenlose Gegenüber habe. Seine Grenzenlosigkeit umfängt das Begrenzte und hebt es zugleich in sich auf. Weil es Gott in meinem Leben gibt, darf und kann ich Mensch sein, mit allen Ecken und Kanten, mit allen Stärken und Schwächen, mit allen Höhen und Tiefen – und mit all meinen Grenzen. Ich darf zu mir und meinen Grenzen stehen, weil Gott zu mir steht – und ich brauche dabei nicht in Allmachtsgedanken zu zerfließen, ich brauche mich nicht größer machen als ich bin, aber ich brauche mich auch nicht kleiner zu machen. Mein Raum ist begrenzt und nicht unendlich – aber den Raum darf ich mir nehmen. Und ich darf zu mir und meiner Einzigartigkeit stehen.

Das, was als Botschaft in einem befreienden Sinn gemeint ist, kann manchem aber auch Angst machen – und so verzichtet man lieber auf seine ganz persönliche Freiheit und taucht lieber in der namenlosen Masse unter, um bloß nicht aufzufallen, bloß nicht anzuecken, um bloß keinen Ärger zu bekommen.

Es ist ein Phänomen, das auch heute weit verbreitet ist – es gibt Menschen, die bereit sind, ihre Einzigartigkeit, ihre Originalität, ihre Identität, und damit ihr Rückgrat, sozusagen an der Garderobe abzugeben, um Eintritt in eine scheinbar wichtige Gesellschaft zu bekommen. Man paßt sich an, will um keinen Preis anders sein als die anderen, will nicht auffallen, bemüht sich, nicht anzuecken, um ja keinen Ärger zu bekommen, um nicht ausgeschlossen zu werden aus bestimmten Kreisen. Man gibt die eigene Identität auf und geht sozusagen in der Masse unter. Man gleicht sich an und unterscheidet sich damit nicht mehr, man gibt die eigene Form und Gestalt auf und verliert damit die Kontur. Oder, wie es jemand einmal gesagt hat: Der Mensch wird als Original geboren und stirbt als Kopie. Man unterwirft sich dem Diktat der Mode, den Verführungen der Werbung, macht das, was gerade »in« ist, läßt sich bestimmen von dem, was man halt tut – sei es nun bei der Frage, welche Urlaubsorte gerade aktuell und angesagt sind, welche Jeansmarke man derzeit gerade trägt und welche politische Überzeugung – und schon die Kinder müssen unbedingt ein Tamagotschi haben, um in zu sein. Man wird so, wie alle sind – und verliert dabei sich selbst. Man will es allen recht machen – und zerfließt dabei ins Nichts.

Die christliche Botschaft ist eine andere: Steh auf, Jerusalem – Gott will deinen Glanz, Gott gibt dir für immer einen Namen, Gott meint dich in deiner Einzigartigkeit – und steig auf die Höhe, stell dich und zeig dich in deiner Einmaligkeit und Schönheit! Tritt auf! Steh hin! Steh ein für Gott – so wie Johannes, der herbe und einzigartige Rufer in der Wüste aufgetreten und hingestanden ist! Steh zu Dir und deinen Grenzen und laß dich von Gottes Grenzenlosigkeit umfangen! Sei du selbst in deiner Einzigartigkeit! Bleib aufrecht und stell dich auf deine Füße, Menschensohn und Menschentochter! Gib das Rückgrat nicht her, das Gott dir geschenkt hat!

Andrea Schwarz

Über Gesetz und Freiheit

(Falls möglich, kann man das Lied von Klaus Hoffmann »Um zu werden, was du bist« einspielen)

Bist du schon soweit? Bist du der, der du werden willst? Wie weit bist du? Du würdest ja gerne – aber du kannst nicht? Du hättest schon längst, wenn du nur gedurft hättest??

Ich möchte heute über Grenzen und über Freiheit sprechen – und dazu muß ich zwangsläufig über »Gesetz« nachdenken. Das letzte Kapitel des Kirchenrechts behandelt kirchliche Prozesse. Ein Prozeß kommt aber nur dann zustande, wenn alle anderen Wege probiert und ohne Erfolg geblieben sind. Dennoch steht unter Kanon 1752, dem letzten des Kirchenrechts, geschrieben: »...servata equitate canonica et prae oculis habita salute animarum, quae in Ecclesia suprema semper lex esse debit«. (»... unter Wahrung der kanonischen Billigkeit und das Heil der Seelen vor Augen, das in der Kirche immer das oberste Gebot sein muß«.) Das »Heil der Seelen« wird eindeutig als oberstes und somit als wichtigstes Gesetz definiert.

Der Hebräerbrief formuliert, nur mit anderen Worten, denselben Gedanken: »Schlacht- und Speiseopfer forderst du nicht, du hast daran kein Gefallen, obgleich sie doch nach dem Gesetz dargebracht werden; dann aber hat er gesagt: Ja, ich komme, um deinen Willen zu tun«. (Hebr 10,8f).

Seelenheil – wie kann ich meine Seele heilen – wie kann ich heil werden – was ist Heil-ig-keit?

Liebe Schwestern und Brüder, es müsste sehr schnell klar sein, daß Gesetzestreue allein keinesfalls Seelenheil garantiert. Genauso schnell dürfte deutlich sein, daß Untreue dem Gesetz gegenüber dem Willen Gottes auch nicht entspricht und somit auch nicht zum Seelenheil führen kann.

Aber über das Gesetz können wir nicht nachdenken ohne über die Verantwortung, über das Gewissen, über das Seelenheil nachzudenken. Oder anders gesagt: Wir müssen die Frage nach dem Sinn eines Gesetzes stellen, bevor wir überhaupt in der Lage sein können, eine christliche, eine von Gott gewollte Einstellung zum Gesetz zu bilden. So – und damit wären wir wieder am Anfang.

Das Gesetz an sich hat keinen Wert. Nur im Zusammenhang mit meinem Leben kann ich nach der dienenden Funktion des Gesetzes fragen. Die Tatsache, daß es überhaupt Gesetze gibt, weist darauf hin, daß ich nicht immer wissen kann, was für mich gut ist, daß ich ganz für mich allein weder bestimmen noch handeln kann und darf, denn ich bin keine Insel. Ich muß mich mit dem Gesetz anfreunden, es zu meinem Freund machen, um zur Freiheit zu gelangen. Und ich muß zur Freiheit gelangen, wenn ich das werden will, was ich bin. Und ich muß werden, was ich bin, wenn ich den Willen Gottes ernst nehmen möchte. So kommen wir zum eigentlichen Sinn aller Gesetze: Das Gesetz ist mir eine Hilfe auf meinem Weg, um der Mensch zu werden, der ich bin.

Das Gesetz muß mich bestimmen. Ich muß dem Gesetz dienen.

Das Gesetz kann und darf nicht gegen andere verwendet werden. Es widerspricht dem Gesetz selbst, allein dazu verwendet zu werden, meine Rechte zu behaupten.

Das Gesetz ist eine Einladung. Es lädt ein zur Teilhabe an göttlicher und menschlicher Weisheit.

Das Gesetz ist ein Werkzeug der Freiheit. Innerhalb des Gesetzes bin ich frei. Stelle ich mich außerhalb des Gesetzes, werde ich von schlechtem Gewissen und Unzufriedenheit verfolgt.

Das Gesetz fesselt mich nicht, sondern will mich einbinden in die Verantwortung mir selbst, meinem Nächsten und Gott gegenüber.

Gesetze setzen Grenzen.

Menschen brauchen Grenzen.

Der Mensch braucht das Gesetz, und deswegen haben wir auch Gesetze. Sie sind nicht vorhanden, um ignoriert, sondern um befolgt zu werden.

Der Advent ist die Zeit der Erwartung auf das Kommen des neuen, des ewigen Bundes, des neuen, des ewigen Gesetzes.

Und wie lautet das Gesetz?

Das Gesetz, das dich und mich verpflichtet, ist das Gesetz der Liebe. Das Gesetzbuch der Christen ist dünn. Es besteht aus einem einzigen Paragraphen: »GOTT IST DIE LIEBE. LIEBE, UND TUE, WAS DU WILLST«.

Angelo Stipinovich

Es ist Zeit ...

(Möglichst laut einen Wecker klingeln lassen!)

Nein, keine Sorge – auch wenn der Wecker geklingelt hat – Sie können ruhig sitzenbleiben – noch können Sie sitzenbleiben. Noch ist keine Zeit zum Aufstehen, und es ist auch erst Sonntag- und noch nicht Montagmorgen ...

Und doch: Es ist Zeit – Zeit aufzustehen, Zeit, neu zu beginnen. Heute feiern wir den ersten Adventssonntag, den Beginn des neuen Kirchenjahres, heute abend brennt die erste Kerze am Adventskranz, heute abend beginnt die Adventszeit, die uns auf Weihnachten hinführen will – es ist Zeit.

Ich weiß nicht, was Ihnen jetzt so durch den Kopf gehen mag mit Blick auf die kommenden Tage und Wochen bis Weihnachten. Manche werden sich freuen auf diese Tage, in denen doch irgendwie ein ganz besonderer Zauber verborgen ist mit Kerzenlicht und kleinen Heimlichkeiten, mit Plätzchenduft und gemütlichen Stunden am Abend. Andere werden an Weihnachtspost und überfüllte Geschäfte denken, an zu putzende Fenster und den Einkaufsstreß vor den Feiertagen. Manchen werden leuchtende Kinderaugen einfallen, anderen die Angst vor der stummen Einsamkeit am Heiligabend – und möglicherweise ist in den meisten von uns irgendwie eine Mischung aus all dem – Zauber und Bangen, Freude und ein bißchen Furcht.

Es ist Zeit – und es ist eine besondere Zeit, der sich niemand, auch wenn es einer wollte, ganz entziehen kann. Zu mächtig ist das, was da auf uns in diesen Tagen von überallher einströmt. Seit September schon liegen die Lebkuchen in den Geschäften aus, die ersten Weihnachtsbäume stehen schon herum, die Weihnachtsmänner lassen grüßen, seit Tagen schon blinken bunte Lichtgirlanden an Wohnungsfenstern, und die Werbung erinnert uns systematisch daran, daß wir eben noch nicht alle Weihnachtsgeschenke haben – und sollte man nicht Tante Dorothee doch eine Kleinigkeit schenken? Und auch, wer in diesen Tagen nach Gran Canaria oder sonst wohin flüchtet, kann fast sicher sein, daß ihm der Weihnachtsbaum schon vorausgeflogen ist. Und doch – es bleibt trotz alldem eine Verzauberung, ein bißchen Wehmut, Erinnerungen, Sehnsucht.

Ja, es ist Zeit – und doch mag was ganz anderes damit gemeint sein als das, was wir daraus gemacht haben und was daraus gemacht wird. »Advent ist die Zeit der Erschütterung,« so sagt es Alfred Delp, der große Jesuit, der für seinen Glauben im Dritten Reich in den Tod ging. »Advent ist die Zeit der Erschütterung, in der der Mensch wach werden soll zu sich selbst. Es ist immer so, wenn die Kirche die blauen Gewänder des Ernstes trägt, daß uns ernste Fragen vorgelegt sind. Das Thema des Advents ist es, daß der Mensch irgendwie vor die letzten Dinge gerät, in die letzten Ordnungen gestellt wird, vor die letzten Fragen gebracht wird – und letzte Antworten von ihm erwartet werden« – so hat er es 1941 beschrieben. Das hört sich ein wenig anders, rauher und unbequemer an als »Süßer die Glocken nie klingen« – und das scheint nicht so besonders nett und angenehm zu sein. Und irgendwie, das nimmt doch die ganze Stimmung …

Und doch – es ist die Zeit. Weihnachten ist nicht nur ein nettes Fest mit niedlichem Jesuskind und trauter Familie – so verführerisch die Bilder auch sein mögen. Weihnachten, das geht an die Wurzeln unseres Mensch-Seins und unseres Glaubens. Unser Gott, an den wir glauben, der große, starke, manchmal unbegreifliche, allmächtige Gott wird aus Liebe zu uns Kind, macht sich klein, wird ohnmächtig, schwach. Er gibt sich her, er gibt sich hin – uns Menschen – und damit werden wir vor die Fragen gestellt. Und das sind ernste Fragen, letzte Fragen, die zugleich schon wieder die allererstern Fragen sein mögen: Was ist der Mensch? Wer bin ich? Was will ich in diesem Leben? Und wer ist das eigentlich, dieser Gott, der da vor zweitausend Jahren als kleines Bündel Mensch in einem Stall zur Welt kommt??

Es mag nicht einfach sein, sich diesen Fragen zu stellen – und doch stehen sie an, stehen sie gerade jetzt an. Und wer sich diesen Fragen ernsthaft stellt, der fängt an zu suchen, der macht sich auf einen Weg – auf einen Weg hin zu der Krippe, zu dem Stall in Bethlehem. Der fragt, weil ihn eine Sehnsucht treibt, weil ihn eine Hoffnung nicht ruhen läßt. Und nur, wer in solch einer Art fragt und sucht, wird Weihnachten finden – so wie die Hirten und die Hl. Drei Könige. Aber möglicherweise wird er genau wie sie etwas ganz anderes finden als das, was sie gesucht haben. …Genau dafür gilt es wach zu sein – um sich eben nicht einlullen zu lassen von all dem, was andere meinen, was man in diesen Wochen tun sollte. Genau dazu wollen die Wochen des Advents einladen, sich selbst neu zu orientieren, sich auf diesen Gott hin auszurichten, den eigenen Lebensweg neu zu bestimmen – sich den letzten und ersten Fragen zu stellen. Und deshalb mag gerade am Beginn unseres Weges durch die Adventszeit genau dieses Evangelium stehen – seid wachsam! Schlaft nicht ein in der Durchschnittlichkeit Eures Alltages. Vergeßt nicht, daß es ein »Mehr« gibt, ein »Darüber-hinaus«!

Advent – das ist Chance, das ist die Chance zum Neubeginn mit diesem Leben. Advent, das ist die Zeit ...

Das ist die Zeit, sich auf den Weg zu machen ...

Machen Sie sich auf Ihre Art und Weise auf den Weg hin zu Weihnachten, stellen Sie sich den Fragen und stellen Sie Fragen – ...

...aber lassen Sie sich auch warnen: Wer sich auf den Weg macht, der kann was erleben. Wer sucht, der wird finden. Wer bittet, dem wird gegeben. Was wir finden werden, wird nicht immer das sein, was wir gesucht haben, was uns gegeben wird, nicht immer das, worum wir gebeten haben. Deshalb: Vor Risiken und Nebenwirkungen wird gewarnt! Wenn Sie sich auf die Suche nach dem Leben machen – Sie könnten wirklich lebendiger werden!!

Und bitte beschweren Sie sich dann auch nicht, wenn das Telefon klingelt und Ihnen eine nette Stimme sagt: Guten Morgen! Sie wollten geweckt werden!!

Andrea Schwarz

»Alles beginnt mit der Sehnsucht« (Nelly Sachs)

Sehnsucht – das ist ein seltsames Wort für mich, irgendwas wird da ganz tief in mir berührt. Da spüre ich ein bißchen Traurigkeit in mir, da ist ein Ahnen, eine Gewißheit, aber auch Angst. Da leuchtet etwas auf von Zusage, von Hoffnung auf etwas, das mich ganz erfüllt – und da ist zugleich ein Bangen, was denn wohl geschehen mag, wenn ich dieser Sehnsucht wirklich in mir Raum geben würde? Ich ahne dunkel darum, daß dies zwar mögliche Erfüllung, aber wohl auch Veränderung bedeuten mag, daß dann nichts mehr so sein wird, wie es einmal war. Wer sich sehnt, der beginnt zu suchen. Wer aber zu suchen beginnt, der kann nicht am warmen Kachelofen sitzen bleiben. Dieser Sehnsucht Raum zu geben, das bedeutet Aufbruch – und jeder Aufbruch ist zugleich ein sich-aufbrechen-lassen. Und bei aller Zusage – es bleibt ein Aufbruch ins Ungewisse.

Advent – das ist eigentlich eine Zeit, in der die Sehnsucht in mir Raum gewinnen darf, mit aller Angst, aller Hoffnung, allen Zweifeln, aller Zuversicht. Es sind Wochen, in denen die Sehnsucht in mir wachsen darf, mit allen Konsequenzen, die damit verbunden sind. Ich darf weinen und mich freuen, flüchten und mich stellen, mich berühren lassen und Angst haben, zuversichtlich sein und um Abschied ahnen, ich darf aufbrechen und Neues probieren – und ich darf in diesen Wochen vollkommen durcheinander sein.

Alfred Delp schrieb: Advent ist die Zeit der Erschütterung. Und vielleicht meint es wirklich genau das: Ich ahne mein Sehnen, gebe ihm anfanghaft Raum, vertraue ihm – und lasse mich doch wieder von der Wirklichkeit, meinen Ängsten, meinen Zweifeln einholen. Ich erlebe mich in meiner Gebrochenheit.

Vor zweitausend Jahren gab es eine junge Frau, die ihrer Sehnsucht nach Gott soviel Raum schenkte, daß er in ihr Leben einbrechen konnte. Sie hat die Tür zu ihrem Herzen geöffnet, ist bereit zum Hören auf das, was Gott von ihr will. Sie läßt die Sehnsucht in ihr Hand und Fuß fassen, läßt sie leibhaftig werden. Sie lebt den Anspruch in ihrer Wirklichkeit – und wird genau dadurch, im Gegensatz zur Gebrochenheit, ganz und heil. Das ist Ankommen und Aufbruch zugleich – und erzählt zugleich davon, wie schmerzhaft es auch sein kann, sich wirklich auf diese Sehnsucht nach dem ganz anderen einzulassen, das unsere Wirklichkeit übersteigt.

Manchmal ahnen wir auch heute etwas von dieser Sehnsucht, die sich ganz unversehens in uns eingenistet hat und jetzt anklopft. Hartnäckig ist diese Sehnsucht – und wer sie einmal in sich verspürt hat, wer gar einmal anfanghaft die Erfüllung dieser Sehnsucht erlebt hat, der ist eigentlich schon verloren, der ist bereit, sich in Gott zu verlieren – um neu zu werden.

Aus einem solchen Ahnen heraus können wir den nächsten Schritt wagen. Wir trauen der Sehnsucht, trauen Gott – und sagen »ja« – voll Hoffnung, voll Angst, voll Zittern und Beben, voll Ahnen und Gewißheit – und setzen uns damit auf's Spiel. Zugegeben, der Einsatz ist hoch – ich setze mich ein. Aber allein die Möglichkeit, daß die Zusage gilt, rechtfertigt den Einsatz.

Ich darf der Sehnsucht in mir Raum geben, weil Gott in mir zur Welt kommen will. Gott selbst will mich mit der Sehnsucht nach ihm erfüllen. Gott selbst will leibhaftig werden in mir. Und deshalb darf ich Mensch sein – mit allem wenn und aber. Ich darf sein mit meiner Gebrochenheit zwischen Anspruch und Wirklichkeit, mit meiner Sehnsucht und zugleich der Angst davor, ich darf mich anfragen und erschüttern lassen – und ich darf mir gerade jetzt die Zeit nehmen, nach einer Antwort zu suchen.

Andrea Schwarz

Von Maria lernen ...

Unser Leben wird in aller Regel weitestgehend durch den Alltag bestimmt:. Arbeit und Freizeit – Termine und Verpflichtungen – zu Erledigendes und Routine. Und es ist auch ganz gut so, die Normalität des Alltages gibt eine gewisse Sicherheit, die Routine entlastet vom ewig neuen Nachdenken, Gewohnheiten und Rituale können zu Eckpfeilern werden, an denen man sich festhalten kann. Ich brauche den Alltag mit seiner Normalität.

Aber das Leben läuft nicht immer so glatt... plötzlich, mittendrin, mittenhinein in das Gewohnte, die Routine, den Alltag, bricht etwas ein, verändert sich etwas, meldet sich das ganz Andere zu Wort. Die Normalität wird unterbrochen, die Routinen greifen nicht mehr, ich werde jäh aus dem Gewohnten herausgerissen.

Der Anlaß kann durchaus sehr unterschiedlich sein. Und je nachdem, was der Anstoß war, wird man auch eine solche Zeit des Durcheinanders erleben. Wenn ich mich Hals über Kopf verliebt habe, dann stellt sich für mich ganz einfach die Welt auf den Kopf – und in dem Zustand kann ich das durchaus sehr genießen. Ganz anders aber sieht es aus, wenn der Alltag durch die Diagnose »Krebs« durchkreuzt wird – wenn mich der Freund verläßt – das Kündigungsschreiben der Firma auf dem Tisch liegt – der Tod ins Leben eintritt. Ganz abrupt wird mir dann die bergende und schützende Decke der Geborgenheit und Normalität einfach weggerissen – und ich stehe da, nackt und bloß und arm.

Die meisten Menschen werden sich an solche Tage in ihrem Leben erinnern, Tage, an denen etwas in den Alltag hereinbricht und ihn außer Kraft setzt.

Auch Menschen, die an Gott glauben, sind gegen solche Tage nicht gefeit – es gehört zum Mensch-Sein dazu, daß wir in und mit dieser Gebrochenheit leben müssen. Unser Glaube will nicht kleine Götter aus uns machen, denen nichts Schlimmes mehr passieren kann, sondern will uns ja gerade zu unserem wahren Mensch-Sein befreien. Und als Mensch kommen wir um die Unvollendetheit unseres Lebens, unsere Grenzen, unsere Unzulänglichkeiten nicht herum.

Vielleicht haben wir Christen es sogar noch ein bißchen schwerer als andere, die nicht an Gott glauben? Zu all dem Menschlichen, das Pläne über den Haufen werfen kann, den Alltag durchkreuzt, kommt noch dazu, daß bei uns auch Gott in unser Leben einbrechen kann, von uns etwas will, uns herausfordert, herausholt aus der Routine des Normalen.

Und auch das mögen einige von Ihnen kennen – den Einbruch Gottes im eigenen Leben, der vieles, wenn nicht gar alles außer Kraft setzt. Da gibt es ein Spüren, ein Ahnen, daß da einer was von mir will. Es sind seltsame Tage der Unruhe, in denen es mich irgendwie umtreibt, ich irgendetwas fast schon mit klarer Sicherheit weiß und mich doch dagegen wehre, irgendwie berührt, verzaubert, gerufen. Und der letzte klägliche Rest Widerstand, der dann aber auch vor der Wucht der Anfrage irgendwie versandet ...Wenn Gott in mein Leben einbricht, dann stellt er es auf den Kopf. Dann ist es eben gerade nicht schön und nett und himmlisch und lieb, sondern dann ist Radikalität angesagt. Dieser Gott will mich ganz – ohne wenn und aber.

Wenn die Bibel davon erzählt, wie Gott in das Leben eines Menschen einbricht, dann benutzt sie oft das Bild der Engel. Der Engel ist Bote Gottes, der dem Menschen etwas von Gott übermitteln oder vermitteln will. Gott selbst will etwas von diesem Menschen oder für ihn – und der Engel hat sozusagen die Übersetzerrolle übernommen. Und damit öffnet sich für den Menschen etwas ganz Neues – weil Gott ihn ganz will, wird der Alltag durchbrochen, wird Vertrautes genommen, um Neuem Raum zu geben.

Deshalb ist es vollkommen verständlich, daß Menschen erschrecken, wenn Engel, in welcher Form und Weise auch immer, in ihrem Leben auftauchen – sie sind Anwalt des Neuen, Boten des Göttlichen, Hinweis auf das ganz Andere, Wegweiser des Aufbruchs. Sie bewirken etwas und lösen etwas aus – und sie wissen darum. Nicht umsonst ist ihre erste Aussage: Friede sei mit euch! Habt keine Angst! Ihre Botschaft stellt das Leben, den Alltag der Menschen auf den Kopf – und in diese Situation hinein braucht der Mensch die Zusage des göttlichen Friedens, der manchmal so wenig mit dem weltlichen und menschlichen Frieden zu tun hat.

Wenn Gott mich will, dann will er mich ganz. Mit Halbherzigkeit ist es da von beiden Seiten her nicht getan. Wenn Gott ruft, dann wird es radikal und existentiell, und wer von Gott gerufen wird, der kommt nicht unberührt davon.

Und es mag gut sein, daß ich gerade dann, wenn sich alles in mir im Aufruhr befindet, mein Verliebtsein die Welt auf den Kopf stellt, meine Krankheit mich ganz neu Gott anfragen läßt, der Tod die Sinnfrage heraufbeschwört, mein Alltag außer Kraft gesetzt wird – daß ich gerade dann ganz nahe bei Gott bin. Oder vielleicht richtiger: Gott wiederum ganz nahe bei mir …

Maria erscheint der Engel. Und er verkündet ihr etwas, was ihr Leben – und in Konsequenz das Leben in dieser Welt – auf den Kopf stellt. Sie muß Abschied nehmen von vertrauten Lebensplänen, muß sich auf Neues einlassen, nichts bleibt mehr so, wie es mal war.

Sie zögert, aber sie sagt »ja«. Gott drängt sich nicht einfach ungefragt auf. Er fragt – und wir können und dürfen »ja« oder »nein« sagen. Aber Entscheidung ist angesagt. Ich muß mich irgendwie in Beziehung setzen zu dem, was dieser Gott von mir will. Das Magnifikat, Marias Lobpreis auf Gott, ist das gelungenste Beispiel eines Glaubensbekenntnisses an die Größe dieses Gottes, der es schafft, einen aus dem Alltag herauszuholen. Und es ist zugleich die Bereitschaft dieser Frau, sich dieser Herausforderung zu stellen.

Von dieser Frau möchte ich gerne lernen, mich wirklich auf Gott einzulassen.

Bei aller Angst – ich bin bereit dazu.

Andrea Schwarz

Danach verließ sie der Engel (Lk 1,38b)

Eigentlich komisch – der Engel verläßt Maria wieder. Jetzt fangen doch die Schwierigkeiten erst an – wird sich das denn als wahr erweisen, was der Engel gesagt hat? Und wie das Josef erklären? Und den Nachbarn, die ja auch zählen und rechnen können ...Doch der Engel geht weg, er verläßt Maria. Von allen guten Geistern verlassen?

Eigentlich kenne ich die Situation gut. Ein guter, intensiver, dichter Abend mit einem Freund – und am Morgen steht beim Frühstück schon seine Reisetasche nebenbei. Am Himmel die klare Sichel des Neumondes – und ich spür mich unendlich ergriffen, in die Schöpfung gestellt – und mache den Briefkasten auf, schließe die Wohnungstür auf und... – vorbei. Auf der Fahrt zu einem schwierigen Gespräch und plötzlich steht ein Regenbogen am Himmel und verschwindet vor meinen Augen. Ein Ahnen, von Gott berührt, ergriffen zu sein, durch eine Umarmung des Freundes, ein liebevoller Brief, ein Anruf, das Streicheln im Fell des Hundes – und vorbei.

Von Gott berührt zu werden, das ist kein Zustand, der bleibt, sondern Vorübergehen. So wie der Engel geht, geht auch der Gipfelmoment vorbei. Man kann auf dem Gipfel nicht bleiben, sondern muß den Abstieg ins Tal wieder mit einkalkulieren. Der Augenblick, die Situation, das Erleben läßt sich nicht festhalten. Ich kann es nur im Herzen bewahren.

Aber vielleicht ist das ja heutzutage schon viel? In der Kurzlebigkeit unserer Zeit treu bleiben, mich erinnern, den Alltag gestalten aus dem Wissen um solche Gipfelmomente heraus?

Der Engel geht wieder – aber er war da.

Und das verändert mich und meinen Alltag. Vom Engel berührt, sehe ich mich anders, in mir ist etwas angerührt worden, neu ins Schwingen gekommen, neu in Bewegung geraten. Die Berührung bewegt.

Was mich berührt, kann ich nicht festhalten – hielte ich es fest, verhindere ich die Bewegung, die sich aus der Berührung ergibt.

Und der Engel verließ sie wieder.

Wir neigen dazu, darum zu trauern, daß etwas Schönes vergeht, vergänglich ist, uns wieder verläßt. Und wir neigen dazu, vor lauter Trauer über diese Vergänglichkeit die Bewegung nicht mitzubekommen, die dieses Schöne in uns auslöst. Wir versuchen, uns im Schönen, Guten einzurichten und seßhaft zu werden. Das kann nicht gut gehen – Frustration,

Resignation ziehen dann ins Leben ein. So machen wir uns selbst das Leben schwer, wenn wir den Engel nicht loslassen. Dankbar sein, wenn er da war – aber ihn auch wieder lassen, wenn er gehen will. Und dies als Chance nutzen, jetzt meinen Teil zu tun.

Und der Engel verließ sie wieder – halt ihn nicht fest, den Engel!

Andrea Schwarz

Predigt für den 3. Adventssonntag, Lesejahr A
Jes 35,1-6a.10, Mt 11,2-11

Das Geschenk der Rose

Haben Sie schon alles für Weihnachten? Den Christbaum in einer Ecke auf dem Balkon, die entsprechenden Kerzen, Weihnachtskarten und Geschenkpapier? Sind die Fenster schon geputzt und reichen die Weihnachtsplätzchen wohl noch? Und wie sieht das bei Ihnen mit den Geschenken aus – haben Sie wirklich schon für jeden eine Idee und das Geschenk auch schon schön verpackt und ordentlich mit Namen versehen unten im Schrank versteckt liegen? Oder geht bei Ihnen möglicherweise jetzt auch der »Endspurt« los – ein bißchen Erschrecken darüber, daß heute schon der 3. Advent ist und für Tante Lisbeth ist einem immer noch nichts eingefallen und das Buch, das man unbedingt für Stefan haben wollte, ist dummerweise grad vergriffen – und ob man den Nachbarn wirklich nichts schenken soll – oder vielleicht doch eine Kleinigkeit??

Zugegeben – Geschenke sind etwas Wunderschönes! Ich kann mich sehr freuen, wenn mir jemand etwas liebevoll Ausgesuchtes schenkt, das gut zu mir paßt, manchmal kann ich mich noch mehr freuen, wenn ich bei einem guten Freund einen Treffer gelandet habe und die Überraschung auf seinem Gesicht sehen kann. Aber wenn ich mir in diesen Tagen die Gesichter der Menschen in den Innenstädten von Alzey, Mainz oder Würzburg anschaue, dann frage ich mich gelegentlich schon, ob das Schenken möglicherweise auch zu einer Last, zu einer Belastung werden kann: Eher leicht gestreßte und genervte Menschen, die sich eilig durch übervolle Straßen quälen, dudelnde Weihnachtsmusik aus allen Lautsprechern, ungeduldige Kunden, die die Verkäuferinnen herumhetzen, man schimpft über den Werbezettel verteilenden Nikolaus, der einem im Weg steht – und gerade jetzt funktioniert der Geldautomat nicht. Und mancher mag denken: Wäre es doch schon Heiligabend – und der ganze Streß vorbei! Schenken – wirklich noch Lust – oder doch schon eher Last?

Neugierig geworden, habe ich mal nachgeschaut, wo das Wort »schenken« eigentlich herkommt. Zu meiner Überraschung bin ich da auf eine interessante Fährte gestoßen: »Schenken«, das kommt ursprünglich von »jemandem etwas zu trinken geben« – und findet sich auch heute noch in dieser Bedeutung in den Worten »einschenken« und »ausschenken«. Man gibt demjenigen etwas zu trinken, der durstig ist. Derjenige, der alles hat, der keinen Durst mehr hat, dem kann man eigentlich auch nichts mehr (ein-)schenken. Und das könnte eine Erklärung sein, warum das heute mit dem Schenken auch gar nicht mehr so leicht ist. Was will man dem schenken, der eigentlich schon alles hat?

Das stimmt – wenn man auf der materiellen Ebene bleibt: Wer eine Mikrowelle hat, dem braucht man keine mehr zu schenken, zwei Fax-Geräte in einem Haushalt macht wenig Sinn – und spätestens ab der 35. Krawatte wird es doch auch leicht merkwürdig.

Aber – könnte es vielleicht sein, daß es über all dies Materielle hinaus einen Durst des Menschen, eine Sehnsucht nach Leben und Lebendigkeit gibt? Einen Durst, den es auch heute noch und immer wieder neu zu stillen gilt?

Über Rainer Maria Rilke erzählt man die folgende Geschichte: Rilke ging während seines Pariser Aufenthalts jeden Mittag mit einer Komtesse an einer Bettlerin vorbei, die stumm, unbeteiligt, starr auf ihrem Platz saß. Sie sah zu keinem Geber, keiner Geberin auf. Die Komtesse legte jedesmal ein Geldstück in die Hand der Bettlerin, Rilke aber gab keinen Sou. Als die Komtesse Rilke daraufhin einmal ansprach, meinte er, man müsse ihrem Herzen schenken, nicht ihrer Hand. Am nächsten Morgen brachte Rilke eine kaum erblühte, weiße Rose mit und legte sie in die Hand der alten Frau. Die Bettlerin sah zu ihm empor, küßte seine Hand, erhob sich und ging mit der Rose von dannen. Die nächsten Tage war die Bettlerin verschwunden. Erst eine Woche später saß sie wieder auf ihrem gewohnten Platz, stumm, unbeteiligt, starr. Die Komtesse konnte ihre

Verwunderung nicht unterdrücken – und fragte Rilke, wovon denn die Bettlerin all die Tage gelebt habe. »Von der Rose«, antwortete Rilke.

Materielle Bedürfnisse zu befriedigen ist eines, sofern denn materielle Bedürfnisse zu stillen sind – aber es gibt einen Durst, eine Sehnsucht des Menschen, die darüber hinaus geht – und es gibt Geschenke, die das Herz berühren, nicht den Geldbeutel.

Das, was uns an Weihnachten von Gott in seinem Sohn geschenkt wird, das stillt keine materiellen Bedürfnisse, das bringt keinen Pfennig mehr in den Geldbeutel oder aufs Konto, das enthebt uns nicht der Sorge, wovon man die nächste Ratenzahlung überweisen soll oder wie man eigentlich den notwendigen Wintermantel bezahlen soll.

Gottes Geschenk an uns will unsere Herzen anrühren, will unseren Durst nach Leben stillen, meint die eigentliche Sehnsucht in uns. Und genau davon erzählen die Texte, die wir eben gehört haben: Die Augen der Blinden, die Ohren der Tauben werden geöffnet, der Lahme springt umher, die Zunge des Stummen jauchzt auf. Vom Herrn befreit, zum Leben, zur Lebendigkeit befreit, voll ewiger Freude, Kummer und Seufzen entfliehen... – und dort, wo Jesus ins Handeln kommt, geschieht genau dies: Blinde sehen, Lahme gehen, Taube hören, Stumme jauchzen auf. Und dort, wo dies geschieht, ist dies wiederum ein Zeichen dafür, daß Gott am Werk ist: Da gehen einem die Ohren auf, da hört man plötzlich anders hin, da springt man plötzlich auf, da kommen einem Worte auf die Lippen – da wird man zum Leben und zur Lebendigkeit befreit.

Wenn wir uns an Weihnachten gegenseitig Geschenke machen, dann wollen diese Geschenke eigentlich an das Geschenk Gottes an uns erinnern – und dann wollen wir uns gegenseitig an das Geschenk erinnern, das Jesus Christus den Menschen macht: Das Geschenk des Lebens und der Lebendigkeit, das unsere eigentliche Sehnsucht stillen will. Das sind Herzensgeschenke – Geschenke, die aus dem Herzen kommen und die das Herz erreichen. Das ist die Rose und nur in den wenigsten Fällen der Hundert-Mark-Schein.

Mich macht das nachdenklich: Könnte es sein, daß es vielleicht doch wichtiger sein könnte, gerade jetzt einen Abend lang mit einem Freund zusammenzusitzen, dem es nicht gut geht – statt meine Weihnachtspostliste abzuhaken? Könnte es sein, daß es eher gefragt ist, Tante Lisbeth zum gemütlichen Adventskaffee einzuladen statt ihr ein elektrisches Heizkissen zu kaufen? Könnte es sein, daß es notwendiger ist, mich für eine halbe Stunde in eine ruhige Kirche zu setzen und mich von Gott anschauen zu lassen statt doch alle Fenster geputzt zu haben? Wenn unsere Geschenke Zeichen des Geschenkes Gottes an uns sein wollen, dann ist das Herz gefragt, weniger der Geldbeutel. Dann ist die Liebe gefragt und nicht die Pflicht. Dann ist Zeit-haben angesagt und nicht der Streß. Dann ist Lebendigkeit angesagt – und eben nicht die Routine. Dann ist Kreativität angesagt und eben nicht das Hinhören auf den diesjährigen Geschenketrend. Dann wollen Rosen verschenkt sein

Noch ist es nicht zu spät dafür ...

Andrea Schwarz

Predigt zum 4. Adventssonntag, Lesejahr A
Jes 7,10-14; Mt 1,18-24

Die Heilige Familie gibt's nur im Dreierpack!

Vor einigen Tagen wollte ich in einem Geschäft in Mainz eine Krippenfigur des Heiligen Josef kaufen, die ich zu einem ganz bestimmten Zweck brauchte. Ich war mir ein bißchen unsicher, ob man Krippenfiguren auch einzeln kaufen kann – und fragte vorsichtig nach. »Doch,« antwortete die Verkäuferin, »natürlich kann man Krippenfiguren auch einzeln kaufen!« – »Auch den Hl. Josef?« – »Nein, den natürlich nicht! Die Hl. Familie gibt's nur komplett!«

Ob ihr wohl bewußt war, welch wichtige Glaubensaussage sie da so einfach dahin gesagt hatte? Die Hl. Familie gibt's nur komplett, sozusagen im Dreierpack... Josef geht nicht ohne Maria und das Kind, das Kind nicht ohne seine Eltern, Maria nicht ohne Josef und das Kind.

Zugegeben – in dieser Dreier-Konstellation scheint Josef die unbedeutendste Rolle bekommen zu haben – er wird in der Regel als alter Mann dargestellt, der, die Laterne in der Hand, ein wenig abseits steht, als ob er nicht so recht wüßte, wie ihm geschieht; den meisten Christen ist die Verkündigungsszene des Engels an Maria, wie sie im Lukas-Evangelium beschrieben wird, erheblich vertrauter als die Stelle aus dem Matthäus-Evangelium, in der sich der Engel direkt an Josef wendet – und irgendwie, man weiß sowieso nicht so recht, was man eigentlich von diesem Mann zu halten hat, der eine schwangere Frau zu sich nimmt, obwohl er sicher weiß, daß er nicht der Vater des Kindes ist. Josef – das scheint irgendwie der große Unbekannte im ganzen Spiel zu sein ...Aber – die Hl. Familie gibt's nur im Dreierpack. Und daß wir dem Hl. Josef so wenig Beachtung schenken, könnte vielleicht auch damit zu tun haben, daß das Bild von Maria und ihrem Sohn ein bißchen netter und freundlicher zu sein scheint als dieser eher etwas herbe Mann, der sich unserem Verstehen ein wenig entzieht.

Es lohnt sich, einmal einen genaueren Blick in die beiden Evangelien zu werfen, die von der Geburt Jesu erzählen, dem Lukas- und dem Matthäus-Evangelium. Das Lukas-Evangelium setzt, deutlicher als alle anderen Evangelien, seinen Hauptakzent auf die befreiende Botschaft für alle Armen und diejenigen, die im Leben zu kurz gekommen sind. Dies wird auch schon in den Kapiteln deutlich, die von der Geburt Jesu erzählen – der Engel kommt zu Maria, zu einer Frau, die zur damaligen Zeit aufgrund ihres Geschlechtes weniger galt als ein Mann, Maria wird zur Hauptperson bis hin zu ihrem Lobgesang an Gott, u.a. mit den Worten »Die Mächtigen stürzt er vom Thron und erhöht die Niedrigen:« Und schließlich die Botschaft der Geburt Jesu durch die Engel an die Hirten, auch eine Gruppe im damaligen Israel, die nicht besonders geachtet war. Die Linie wird konsequent durchgetragen – Gottes Botschaft der Erlösung gilt all denen, die unfrei sind, die ungerecht behandelt werden, denen die Würde ihres Mensch-Seins nicht zugestanden wird.

Ganz anders dagegen wird die Linie im Matthäus-Evangelium gezogen: Dort wird die Geschichte der Geburt Jesu so erzählt, daß deutlich wird, daß sich in Jesus Christus das Kommen des Messias erfüllt hat, daß in ihm die Prophetenworte wahr werden, daß er der König ist, dem Verehrung entgegengebracht wird. Deshalb tauchen hier auch keine Hirten auf, sondern mächtige und weise Männer aus dem Osten, die dem neugeborenen König der Juden kostbare Geschenke überbringen wollen, deshalb die Flucht nach Ägypten, damit sich wiederum ein Schriftwort des Alten Testamentes erfüllt – und deshalb steht auch Josef im Matthäus-Evangelium eindeutig im Vordergrund des Geschehens, und Maria wird nur am Rande erwähnt. Der Engel gibt Josef seine Weisungen und nimmt ihn auf die Art und Weise in Dienst, so wie im Lukas-Evangelium Maria in den Dienst Gottes genommen wird. Bei Matthäus will sich Josef von Maria trennen, nimmt sie aber auf Weisung des Engels dann doch zu sich, aufgrund einer Botschaft flieht er mit Maria und dem Kind nach Ägypten, um schließlich, als die Gefahr vorbei ist, wieder nach Israel zurückzukehren. Hier ist es eindeutig Josef, der der Handelnde ist, mit dem Gott durch seine Engel in Verbindung steht, der ihm seine Weisungen gibt, der für Jesus als gesetzlicher Vater einsteht und seinen Namen hergibt, der aufgrund seiner Abstammung für die königliche Herkunft Jesu einsteht.

Ja, aber, was stimmt denn nun? Ist jetzt Maria die entscheidende Person oder Josef derjenige, den Gott in seinen Dienst beruft? Waren die Hirten beim Stall oder die Sterndeuter an irgendeinem Ort, der nicht mal näher beschrieben ist? Unserem westeuropäischen, computergewöhntem Denken fällt es schwer, diese so unterschiedlichen Fassungen der beiden Kindheitsgeschichten nebeneinander stehen zu lassen und beide in ihrer je subjektiven Wahrheit anzunehmen. Diese Geschichten, wie sie von Matthäus und Lukas erzählt werden, sind aber keine historischen Geschichtserzählungen, sie wollen nicht tagesschaumäßig über Fakten, Tatsachen und Zahlen berichten, sondern wollen eine innere, eine subjektive Wahrheit wiedergeben. Sie sprechen eine andere Sprache als wir es heute gewohnt sind – und die wir vielleicht nur noch in den Märchen zulassen, wenn dort alte menschliche Erfahrung und Weisheit sich auf einmal in konkreten Geschichten niederschlägt, wenn Feen und Hexen ins Spiel kommen und Wundertränke und sprechende Tiere.

Beide, Matthäus und Lukas, haben recht mit dem, was sie sagen – und die Volksfrömmigkeit hat immer schon darum geahnt, daß es um etwas Tieferes gehen mag als um bloße Fakten, wenn die Hirten aus dem Lukas-Evangelium an der Krippe friedlich vereint bei den Heiligen Drei Königen aus dem Matthäus-Evangelium stehen und dazwischen Ochs und Esel, die in gar keinem der beiden Evangelien zu finden sind, sondern wiederum aus einem Vers des Propheten Jesaja (Jes 1,3) kommen.

So spielt bei Lukas Maria die Hauptrolle, bei Matthäus Josef – und beide werden als im Dienst Gottes stehend beschrieben, sie haben ihre je eigene Aufgabe, um das Kind zur Welt zu bringen, zu schützen, ihm einen Namen zu geben, ein Elternhaus, um es alles Menschliche von Kind an erleben zu lassen.

Die Heilige Familie gibt es nur im Dreierpack. Und vielleicht gälte es, neben das Bild von Maria mit dem Kind das Bild von Josef zu stellen, der sich mit all seinen Kräften für Maria und das Kind einsetzt. Alfred Delp hat es so beschrieben:

»Josef, der Mann am Rande, im Schatten. Der Mann der schweigenden Hilfe. Der Mann, in dessen Leben Gott dauernd eingreift mit neuen Weisungen und Sendungen. Immer neue Weisungen und Sendungen, neuer Aufbruch und neue Ausfahrt. Er ist der Mann, der ging. Das ist sein Gesetz: Der dienstwillige Gehorsam. Er ist der Mann, der dient. Daß ein Wort Gottes bindet und sendet, ist ihm selbstverständlich. Die dienstwillige Bereitschaft ist sein Geheimnis«.

Ein Mann, der sich und sein Leben Gott so hingibt, das kann kein schwacher Mann sein, der einfach die Laterne hält. Das ist ganz im Gegenteil ein starker Mann, der nicht darauf angewiesen ist, seine Stärke öffentlich zu beweisen und zu zeigen.

Der Heilige Josef will uns zeigen und auch dazu einladen, daß es neben der Art und Weise, wie sich Maria von Gott in den Dienst nehmen läßt, auch noch eine andere Art und Weise gibt, und – das ist wohl das Entscheidende – daß es nicht die Art und Weise gibt, wie ein solches sich-in-den-Dienst-nehmen-lassen aussehen kann. Jeder und jede von uns hat seinen und ihren Platz im Gesamten wahrzunehmen und zu erfüllen, und jeder und jede auf seine und ihre Weise. Das eine ist nicht besser oder mehr wert als das andere, es ist einfach anders. Jedes wird gebraucht, auf keines kann verzichtet werden – Gott meint mich und will mich in meiner ganz persönlichen Art und Weise. Er will nicht mehr von mir, als ich geben kann, aber das, was ich geben kann, will er auch.

Weihnachten – das ist auch die Frage, ob ich bereit bin, das zu geben.

Andrea Schwarz

Wo Menschen leiden, ist Gott nicht fern

Bei den Nürnberger Kriegsverbrecherprozessen trat ein Zeuge auf, der eine
Zeit lang in einer Grabkammer des jüdischen Friedhofs in Wilna gelebt
hatte. Es war das einzige Versteck, in dem er und andere leben konnten.
Während dieser Zeit schrieb er Gedichte; eines davon beschreibt eine
Geburt, die er in einem Grab ganz in seiner Nähe erlebt hatte. Der acht-
zigjährige Totengräber, in ein Leichentuch gehüllt, half der jungen Frau bei
der Geburt eines Sohnes. Als das neu geborene Kind seinen ersten Schrei
ausstieß, betete der alte Mann: »Großer Gott, hast du endlich deinen Messias zu uns gesandt? Denn wer anders als der Messias selbst könnte in einem Grab geboren sein?«   *Quelle unbekannt*

Wir feiern die Geburt Jesu Christi und beginnen mit dem Zeichen des Todes – das Kreuz. Wir glauben an Gott und können ihn nicht sehen. Wir
wandeln Brot und Wein und trinken sein Blut, essen sein Fleisch. Wir sehnen uns nach Liebe und Geborgenheit – und liefern Waffen und horten
das Geld. Wir wollen lieben und schaffen es nicht. Wir wollen Leben und
bewegen uns hin auf den Tod. Wir ...

Weihnachten ist das Fest der »Gebrochenheit« von uns Menschen.
Weihnachten ist das Fest der Wahrheit. Gott lässt an diesem Abend die
Maske fallen. Ich bin nicht der Große, der Allmächtige, der Glänzende,
der Perfekte, der Krieger, der Herrscher. Ich bin einer von euch. Ich bin ein
Kind – wehrlos – machtlos – und vollkommen abhängig. Gott macht sich
von einer jungen Frau und einem Handwerker abhängig. Er ist auf sie
angewiesen. Ausgeliefert. Weihnachten ist das Fest der Realität der
Menschen. Wir feiern unsere Abhängigkeit und zugleich die Freiheit, die nur
geschenkt werden kann durch die Wahrheit. An Weihnachten sagt Gott in
aller Deutlichkeit: Ihr braucht mir nie wieder was vorzutäuschen. Macht mir
nichts vor. Macht euch nichts vor. Das Fest der Enttäuschung. Die
Täuschungen können endlich wegfallen. Wir dürfen uns in Wahrhaftigkeit
begegnen – wir dürfen Gott wahrhaftig begegnen. Weihnachten ist das Fest
des »coming-out« unseres Gottes. Er zeigt, wer er wirklich ist. Ein Kind.
Ein wehrloses Kind. Ein Mensch. Ich. Du.

Schluss mit dem Satz »Es geht mir gut«, – wenn es mir schlecht geht. Schluss mit dem Lächeln, wenn es mir nach weinen zumute ist. Schluss mit der Maske des perfekten Menschen – schlank, fit, intelligent, freundlich, kompetent, sexy, verliebt, und vor allem stark. Oh so stark, weil nur Stärke zählt. Bevor du mich kriegst, krieg ich dich!

Gott sagt: Du mußt es nicht alleine schaffen. Ich bin da – und zwar für immer – egal was, egal wie.

Sei nur DU. Sei so, wie du bist, und fürchte dich nicht. Ich werde dir meine Liebe nicht entziehen. Siehe – ich bin wie du. Ich verstehe dich.

Und jetzt sagt Gott uns, was er schon durch seine gnadenvolle Geburt der Welt im ganzen gesagt hat: Ich bin da, ich bin bei dir. Ich bin deine Zeit. Ich bin die Düsterkeit deines Alltags, warum willst du sie nicht tragen? Ich weine deine Tränen – weine deine mir, mein Kind. Ich bin deine Freude, fürchte nicht froh zu sein, denn seit ich geweint habe, ist Freude die wirklichkeitsgemässere Lebenshaltung als die Trauer derer, die meinen, keine Hoffnung zu haben. Ich bin die Ausweglosigkeit deiner Wege, denn wo du nicht mehr weiterweisst, da bist du, törichtes Kind, schon bei mir angelangt und merkst es nicht. Ich bin in deiner Angst, denn ich habe sie mitgelitten, und ich war auch nicht nach weltlicher Weise heroisch dabei. Ich bin in dem Kerker deiner Endlichkeit, denn meine Liebe hat mich zu deinem Gefangenen gemacht. Wenn die Rechnung deiner Gedanken und deiner Lebenserfahrungen nicht aufgeht, siehe, ich bin der ungelöste Rest, und ich weiss, daß er, dieser Rest, der dich zur Verzweiflung bringen will, in Wahrheit meine Liebe ist, die du noch nicht begreifst. Ich bin in deiner Not, denn ich habe sie erlitten, und sie ist jetzt verwandelt, aber nicht ausgetilgt aus meinem menschlichen Herzen... Diese Wirklichkeit – das unbegreifliche Wunder meiner allmächtigen Liebe – habe ich unversehrt und ganz in dem kalten Stall eurer Welt untergebracht. Ich bin da. Ich gehe nicht mehr von dieser Welt weg, wenn ihr mich jetzt auch nicht seht... Ich bin da. Es ist Weihnachten. Zündet die Kerzen an. Sie haben mehr Recht als alle Finsternis. Es ist Weihnacht, die bleibt in Ewigkeit. *Karl Rahner*

Angelo Stipinovich

»Und jedem Anfang wohnt ein Zauber inne« (H. Hesse)

Ehrlich gesagt – nein, ich hatte nicht daran geglaubt, daß sich mit dem sogenannten Jahrtausendwechsel viel ändern wird. Ich glaubte weder an den Untergang unserer Welt, ich glaubte nicht, daß mit dem Glockenschlag irgendwelche Katastrophen über uns hereinbrechen werden – und ich hatte auch weder Bargeld noch Zucker und Mehl gehortet.

Mir ging es eher so wie einem Freund, der zu mir sagte: »Naja, das ist ja auch nicht viel anders, als wenn man mit seinem Auto die 100.000 km macht – man ist ein bißchen neugierig und gespannt, guckt etwas öfter auf den Tacho, um den Wechsel ja nicht zu verpassen – und zu Beginn sind die neuen Zahlen auch ein bißchen ungewohnt – aber schließlich fährt das Auto auch vollkommen normal weiter und gibt nicht plötzlich seinen Geist auf oder komische Geräusche von sich, bloß es jetzt die 100.000 km erreicht hat«.

Gut, wir haben gefeiert, vielleicht ein wenig lauter als sonst, am nächsten Morgen mag der Kopf ein wenig schwerer gewesen sein – und wir haben etwas gebraucht, bis wir uns an die neuen Zahlen gewöhnt hatten – aber auch das war nur eine Frage der Zeit.

Eigentlich ist alles weitergegangen wie vorher auch. Der (angebliche) Jahrtausendwechsel hat nicht schlagartig alle Kriege beendet, auch nicht die in Partnerschaft und Familie, er hat nicht das Gesetz außer Kraft gesetzt, daß Butterbrote immer mit der Butterseite nach unten fallen, die Kinder mußten weiter zur Schule gehen und wir zur Arbeit – und es ist Frühjahr und Sommer und Herbst geworden.

Alles ist weitergegangen wie vorher auch... schade eigentlich.

Denn irgendwie, jede Silvesternacht hat doch etwas ganz Eigenes, da gibt es einen Zauber, dem sich die wenigsten entziehen können, da gibt es einen Moment, in dem man doch ein bißchen angerührt ist, wenn in der Stadt die Glocken läuten, die ersten Raketen und Knaller hochgehen, wenn man mit den anderen auf das Neue Jahr anstößt und sich Gutes wünscht.

Es ist der Zauber des Beginns, der Zauber dessen, was vollkommen neu und unverbraucht vor uns liegt und auf uns wartet. Es ist der Zauber, von dem Hermann Hesse in seinem Gedicht »Stufen« sagt: »Und jedem

Anfang wohnt ein Zauber inne, der uns beschützt und der uns hilft zu leben«. Und es ist schade genug, daß dieser Zauber schnell genug im Alltag wieder untergehen wird. Wir brauchen solche Anfänge – immer wieder. Wir brauchen den Punkt, an dem man etwas losläßt, sich von etwas verabschiedet, einen Strich unter etwas zieht. Jeder Anfang eröffnet uns neue Möglichkeiten, er bietet die Chance, uns von etwas, was für uns und unser Leben nicht mehr stimmt, zu verabschieden. Aber erst damit wird Entwicklung und Wachsen möglich. Wer immer bei dem bleibt, was schon immer so war, wer das Neu-Anfangen verlernt hat, der bleibt stehen, während das Leben weitergeht.

Wir Christen können ohne Angst den Anfang wagen, können uns ohne Angst von dem verabschieden, was für unsere Lebenssituation nicht mehr gilt. Wir können uns ohne Angst auf das Leben mit all seinen Abschieden und Anfängen einlassen, weil uns der begleitet, der von sich sagt: Ich bin das Alpha und das Omega, der Erste und der Letzte, der Anfang und das Ende.

In diesem Sinne wünsche ich uns allen, daß wir den Zauber des Anfangs auch im kommenden Jahr nicht vor lauter Alltag vergessen mögen – und daß uns bei allen Abschieden und Anfängen der begleiten möge, der Anfang und Ende ist, Erster und Letzter, Alpha und Omega.

Andrea Schwarz

Predigt zum 1. Januar

»Guten Tag«, sagte der kleine Prinz.

»Guten Tag«, sagte der Händler.

Er handelte mit höchst wirksamen, durststillenden Pillen.

Man schluckt jede Woche eine und spürt überhaupt kein Bedürfnis mehr zu trinken.

»Warum verkaufst du das?« sagte der Prinz.

»Das ist eine große Zeitersparnis«, sagte der Händler. »Die Sachverständigen haben Berechnungen angestellt. Man erspart dreiundfünfzig Minuten in der Woche«.

»Und was macht man mit diesen dreiundfünfzig Minuten?«

»Man macht damit, was man will ...«

»Wenn ich dreiundfünfzig Minuten übrig hätte«, sagte der kleine Prinz, »würde ich ganz gemächlich zu einem Brunnen laufen ...«

Aus: Antoine Saint-Exupéry, »Der Kleine Prinz«

Es sind wohl nur wenige, die eine solche Zeitweisheit und damit eine solche Lebensqualität besitzen, wie sie der Kleine Prinz hat ... – in aller Gemächlichkeit zum Brunnen zu gehen – das kommt uns zeitgestreßten Menschen doch ziemlich unerwachsen, ja vielleicht sogar naiv vor.

Jetzt, an der Schwelle ins neue Jahr, da sollen wir in aller Gemächlichkeit zum Brunnen gehen? Gerade, wo wir uns die guten Vorsätze genommen haben: möglicherweise das neue Jahr zeitlich noch effektiver zu nutzen; Zeit einzusparen, Zeit einzuteilen, so daß sie nicht wieder davonläuft oder uns zwischen den Händen zerrinnt?

Und schon hat sie uns wieder im Griff, die Zeit! Und macht uns wieder zu gehetzten, zu zersorgten, zu permanent nach außen statt nach innen orientierten Menschen; spätestens morgen kann das schon losgehen.

»So streben wir immer auf vermeintliche Ziele zu ... immer auf etwas hin, das noch nicht ist (und vielleicht auch noch gar nicht sein muß!); und wir erledigen Dinge, werfen sie hinter uns; durchleben Ereignisse und erleben sie doch nicht, immer rascher, immer schneller und leben im Durchgleiten zwischen dem, was nicht mehr und dem, was noch nicht ist« (nach R. Guardini).

Diese rasche, je atemlose Durchgleiten zwischen den Zeiten kann den Menschen – oft unmerklich! – friedlos, rastlos und im letzten heimatlos machen.

Ich wünsche uns, daß es uns in diesem neuen Jahr gelingt, etwas mehr Heimat zu finden und zu geben, zunächst einmal bei uns selber und schließlich dann bei anderen Menschen.

Bei uns selber, indem wir regelmäßig und gern bei uns ankommen, Lebensmaterial ordnen und uns anzunehmen lernen; indem wir selber nach dem suchen, was uns Frieden und eine glückliche Übereinstimmung mit uns selber schenken kann. Das können Erinnerungen an gute, beglückende Begegnungen sein; das kann der dankbare Blick auf die eigenen Begabungen sein oder die Erkenntnis, daß sich tatsächlich etwas in uns wandelt, daß wir vielleicht gar nicht so schlecht sind, wie wir uns immer wieder einreden.

Eine solche Erinnerung, ein solcher Rückblick (oder Einblick in unserer Selbst!), eine solche Selbsterkenntnis – sie können uns Frieden bringen und Heimat. Doch gelingt das nur, wenn ich mir Zeit lasse, mit Achtsamkeit bei mir verweile – das heißt nicht, bei mir stehen zu bleiben oder ständig um mich herumzukreisen! – und auch immer wieder zu erlauschen versuche: Wo kommt Gottes Stimme und Weisung in mir durch? Das mir von Gott her zugesprochene Wort – oft ist es ein Wort des Friedens, ein Wort bedingungsloser Liebe und Akzeptanz und nur hierin kann man den Sinn von Weihnachten erkennen: wir sind ohne Bedingung geliebt und akzeptiert!! – dieses von Gott her zugesprochene Wort hat keine Chance bei einem zersplitterten Gemüt, dessen Geist überall, nur nicht bei sich selber sein will. Um ein Nichts macht der Mensch Lärm, vielleicht auch, um nicht mit dem eigenen Wesen in Berührung kommen zu müssen, um nicht erfahren zu müssen, wie mühevoll es sein kann, wirklich gegenwärtig zu sein und eine ruhige Einfachheit herzustellen, bei der Gott durchkommen kann, der Anhauch seiner Gegenwart, die doch entlasten will, dem vielen Sorgen und Begehren den richtigen Stellenwert geben will.

Wenn wir uns Zeit nehmen für eine solche Friedenssuche in uns und eine Begegnung mit dem Wort und der Weisung Gottes, dann werden wir merken: diese Zeit der Selbst- u. Gottesbegegnung ist nicht vergeudete Zeit; und: Sie isoliert nicht, sondern macht wieder wach und lässt uns das erspüren, was auch anderen Heimat und Frieden geben könnte.

Vieles in unserem Leben wandelt sich dann zu mehr Aufmerksamkeit, zu tieferer Achtsamkeit in mitmenschlicher Begegnung. Und wir erkennen: Eigentlich wohnen wir einer im andern. Wenn wir wollen, können wir uns gegenseitig Heimat werden. Aber es braucht Zeit und immer wieder den neuen Versuch. Ein rasches Durchgleiten in menschlicher Begegnung führt nur zur Ver-gegnung. Laßt uns einander für die echten, für die tieferen Begegnungen Zeit verschenken in diesem Jahr, auf daß sich solche Begegnungen nachhaltig auswirken, uns verändern, uns vielleicht auch formen. Unser Herz weiß um Begegnungen, die uns und anderen gut tun, und um solche, wo nur Zeit durch Oberflächliches verplempert wird.

So wünsche ich uns ein gut zuhörendes Herz, das zwischen Wichtigem und Unwichtigem zu unterscheiden weiß; und bei allem Unterscheiden wünsche ich uns ein liebendes Herz, das uns mehr und mehr erspüren läßt, was dem anderen gut tut.

Und schließlich wünsche ich uns ein betendes Herz füreinander, das sich Zeit nimmt, Gott als unserem Lenker und Schöpfer zuzusagen, was uns freudig stimmt, aber auch Sorge macht.

Und lasst uns fest darauf vertrauen, daß Gottes Ohr auch in diesem Jahr an unserem Herzen bleibt.

Pater Benedikt

Fest Erscheinung des Herrn, Lesejahr B
Jes 60,1-6, Mt 2,1-12

Zurück in den Alltag

Ich weiß nicht, wie es Ihnen gehen mag – aber ehrlich gesagt, mir reicht es jetzt so allmählich mit den ganzen Feiertagen. Es war wunderschön, es war unsagbar viel, es hat mir gut getan, ich bin reich beschenkt worden – aber irgendwie, fast sehne ich mich nach all den Festen, all dem Außergewöhnlichen wieder ein wenig nach dem Normalen, dem Gewohnten zurück. Nicht mehr überlegen müssen, wann die Geschäfte eigentlich das nächstemal geöffnet sind und was ich deshalb noch ganz dringend einkaufen muß, eine verläßliche Tagesstruktur haben, die mir zwar nicht immer paßt, aber immerhin doch meinen Tag ordnet – und endlich mal wieder einfach so eine Bockwurst aus der Hand essen statt dem mittelgroßen Festmenü.

Die Feste waren schön, aber jetzt scheint es doch an der Zeit zu sein, daß auch der Alltag wieder einkehrt, der Alltag mit seiner gewohnten Routine, den Verläßlichkeiten.

Damit sind wir eigentlich in ganz guter Gesellschaft: Mit dem kommenden Sonntag, dem Fest der Taufe des Herrn, beendet auch die Kirche den weihnachtlichen Festkreis – und kehrt, wenn auch nur für kurze Zeit, in den Alltag des Jahreskreises zurück.

Auch biblisch gesehen kehrt in die ganze Geschichte so allmählich wieder etwas Ruhe ein. Die Engel auf den Feldern sind längst schon wieder in den Himmel zurückgekehrt, die Hirten zu ihren Herden – und auch die drei Könige, die drei Weisen aus dem Morgenland, kaum beim Kind in der Krippe angekommen, kehren wieder nach Hause zurück. Und was die Heilige Familie angeht, gut, da ist noch die etwas spektakuläre Flucht nach Ägypten, von der der Evangelist Matthäus erzählt – aber auch dann ist erstmal Ruhe angesagt. Jesus wächst im vertrauten Familienalltag heran und nimmt zu an Stärke und Weisheit – und dieser Familienalltag ist so unspektakulär, daß die Bibel davon nichts zu berichten weiß, von der kleinen Episode des zwölfjährigen Jesus im Tempel bei Lukas einmal abgesehen.

Zurück in den Alltag, das Fest ist zu Ende.

Aber stimmt das wirklich so? Einfach so wieder zur Tagesordnung übergehen, zu all dem, an das man gewohnt ist? Ganz normal wieder zur Arbeit, zur Schule, zu den alltäglichen Pflichten und Sorgen, die einem wiederum so gut vertraut sind?

Ich glaube, das wäre zu wenig. Das Fest will mehr als die Unterbrechung des Alltags – das Fest will die Veränderung unseres Alltags. Oder vielleicht richtiger gesagt: Das Fest will, daß wir anders, daß wir verändert in den Alltag zurückkehren – und gerade dadurch den Alltag verändern. Und dort, wo dem Fest, wo uns das nicht gelingt, da bleibt es bei einem netten und schönen Fest – aber das war's dann auch.

Ein Fest will den Menschen Freude und Trost schenken, Gelassenheit und Zuversicht, Geborgenheit und den Sinn dafür, daß es eben gerade mehr als den Alltag gibt. Jedes Fest will darauf hinweisen, daß es darum geht, das Leben zu feiern und zu feiern, daß das Leben keine Selbstverständlichkeit ist. Jedes Fest will uns ans Leben erinnern. Es will ein Bewußtsein schaffen für das Leben.

Und wenn ich mir durch das Fest dessen neu bewußt werde, dann kann ich anders dem Leben begegnen, auch inmitten meines Alltags. Wenn ich mich durch das Fest aufgehoben weiß in einem »größeren Ganzen«, dann kann ich mich besser den Widrigkeiten aussetzen, die oft genug mit meinem Alltag verbunden sind. Wenn ich um den Trost weiß, ihn erfahren habe, dann kann ich mich meiner Angst stellen. Wenn ich mich geliebt und angenommen weiß, dann kann ich mich und kann andere lieben. Wenn die Freude in mir leben darf, dann kann auch die Trauer und die Traurigkeit ihren Raum bekommen. Und wenn ich die Gemeinschaft erleben darf, dann kann ich mich ganz gut aus einer solchen Geborgenheit heraus auch wieder dem Allein-Sein und manchmal eben auch der Einsamkeit stellen.

Feste dürfen und müssen zu Ende gehen. Das Fest nimmt den Alltag nicht weg. Es bleibt die Dunkelheit in unserem Leben durch Tod und Krankheit, Angst und Mühsal, Einsamkeit und Nicht-verstanden-werden.

Das Fest aber muß unseren Alltag verändern. Und gerade deshalb brauchen wir das Fest – um in unserem Alltag nicht unterzugehen, um neben all das Normale das Außergewöhnliche zu setzen, um ab und an wenigstens den Blickwinkel zu ändern. Und dadurch unseren Blick auf das Leben zu ändern ...

Weihnachten war – Gott ist Mensch geworden – und das haben wir feiern dürfen.

Jetzt kommt es darauf an, was wir in unserem Alltag daraus machen ...

Andrea Schwarz

Gottes Bund mit den Menschen

Ehrlich gesagt, bei meinem letzten Umzug habe ich wirklich lange gezögert – soll ich die uralten Karl-May-Bände von Winnetou I und Old Surehand wirklich nochmal mit umziehen? Ich hab doch seit Jahrzehnten nicht mehr reingeschaut – und die neue Wohnung ist eh um so vieles kleiner – wäre es jetzt nicht doch an der Zeit, sie endlich wegzugeben?

Ich habe sie mit umgezogen – und sie stehen jetzt zwar im Keller, aber immerhin, sie stehen noch da. Und ab und an, wenn mein Blick darauf fällt, wenn ich in den Keller gehe, um eine Flasche Wein zu holen oder eine Waschmaschine Wäsche aufzustellen, dann werde ich ein wenig wehmütig und in mir werden Erinnerungen wach, Erinnerungen an eine Kindheit, in der so eindeutig klar war, was gut ist und was böse, in der man sicher sein konnte, daß das Gute immer gewinnt, auch wenn es manchmal dabei sehr traurig zuging, beim Tod von Nscho-Tschi zum Beispiel. Und ich kann mich gut an meine Stimmung damals erinnern, als ich bereit war, mich für das Gute bedingungslos einzusetzen, an das Wahre und Gute glaubte und allem Bösem den Kampf ansagte.

Und ganz dunkel taucht in mir eine Szene auf einem Dachboden auf, wo eine Jugendfreundin und ich uns ewige Blutsbrüderschaft versprachen, ich glaube, es floß tatsächlich ein Tropfen Blut dabei – und dieses Versprechen war uns damals sehr heilig.

Die Jugendfreundin und ich haben uns aus dem Blick verloren – aber doch glaube ich nach wie vor an die *Idee,* an die Idee, sich mit anderen Menschen für das Gute, die Wahrheit, die Gerechtigkeit zu verbünden – und sein Leben dafür einzusetzen. Und ein solches Bündnis, das ist etwas Heiliges. Das ist mehr als ein Vertrag, mehr als eine Abmachung, mehr als eine Vereinbarung. Ein Bündnis, das ist etwas, was mir heilig ist. Ein Bündnis ist mehr, als sich nur mit jemandem zu verbinden, nur um miteinander etwas zu erreichen. Ein Bündnis, das ist etwas Heiliges ... Und deshalb ist dieser Grundgedanke des Bündnisses keine neue Idee der Politik, und das hat auch Karl May nicht erfunden – dieser Gedanke, diese Idee ist Tausende von Jahren alt – und für uns Christen zugleich hoch aktuell. Im Leben von Menschen gab es immer schon das Heilige – und das, was ihnen heilig ist.»Ich will einen ewigen Bund mit euch schließen!« – so haben wir es eben in der Lesung gehört. Gott schließt einen Bund mit den Menschen – er bietet ihm ein Bündnis der Liebe an, ein Bündnis für das Gute und das Schöne und das Wahre, ein Bündnis für Gerechtigkeit. Immer wieder hören wir im Alten Testament davon, wie Gott sich den Menschen anbietet, seinen Bund zusagt, wie er den Regenbogen als Zeichen seines Bundes in die Wolken setzt.

Gottes Bund mit den Menschen – das ist etwas Heiliges ...Wie die Geschichte weitergegangen ist, das wissen wir – immer wieder haben Menschen ja zu dieser Einladung gesagt – und haben dann doch den Bund gebrochen. Und immer wieder ging Gott uns Menschen nach, um uns erneut für diesen Bund zu gewinnen.

In Jesus Christus wird das Bündnis Gottes mit uns Menschen im wahrsten Sinn des Wortes sicht- und greifbar – und das ist der Neue Bund. Nicht mehr nur Worte, nicht mehr nur Zeichen – nein, Gott selbst wird Mensch, um es uns ein wenig leichter zu machen, diesen Bund mit ihm einzugehen. Er selbst gibt sich in Brot und Wein, er gibt sich ganz und leibhaftig. Und das ist heilig... – so wie es immer heilig ist, wenn sich jemand ganz und gar gibt.

Und ich glaube, genau darin könnte auch ein Schlüssel für das Evangelium liegen, das wir heute gehört haben. Jesus läßt sich taufen, er reiht sich ein in die Reihe derer, die mit der Taufe Antwort auf das Bündnisangebot Gottes geben wollen. Eigentlich ist es ja paradox – wenn der Sohn Gottes den Bund mit Gottvater eingehen wollte. Mit der Taufe will Jesus aber sagen:»Ja, ich gebe mich voll und ganz hinein, ich gebe mich ganz in meiner menschlichen Existenz hin. Ich bin so solidarisch mit den Menschen, daß ich mich darin an ihre Seite stelle, daß ich mich unter ihnen einreihe«. Mit seiner Taufe sagt Jesus »Ja« zu seiner Hingabe, mit seiner Taufe sagt er »Ja« zu dem Weg, der vor ihm liegt, dem Willen des Vaters gehorsam. Und deshalb steht am Beginn des öffentlichen Wirkens Jesu genau diese Taufe – es ist sein »Ja«, sein bewußtes »Ja« zum Leben – als Mensch – mit Gott.

Die Taufe, das ist die Antwort des Menschen auf Gottes Bund mit uns, das ist der Bund zwischen Gott und Mensch und Mensch und Gott. Das ist das Bündnis für Gerechtigkeit und Liebe. Das ist das Bündnis für das Leben und gegen den Tod. Und das ist heilig.

»Fest soll mein Taufbund immer stehen«, so singen wir es oft. Aber – meinen wir es auch? Haben wir uns wirklich mit Gott verbündet, haben wir uns mit Gott verbunden, für das Leben, gegen den Tod? Und wenn wir Kinder zur Taufe bringen, wollen wir dann wirklich für diese Kinder einen Bund mit Gott – oder vielleicht doch nur ein nettes Familienfest?

Der Bund mit Gott macht aus unserem Leben keine heile Welt, er nimmt uns nicht den Schmerz und das Unglück, den Tod und die Trauer – das hat auch schon Karl May gewußt. Der Bund mit Gott merzt das Böse nicht aus unserer Welt aus. Es gibt die Schurken und Halunken – und manchmal mag es die Schurken und Halunken auch in mir geben.

Der Bund mit Gott läßt uns aber anders mit all dem umgehen – weil wir als Christen wissen: Der Tod, das Böse, die Ungerechtigkeit haben nicht das letzte Wort. Wir mögen manchmal Gottes Wort auf unsere Lebenssituation hin nicht verstehen – deshalb brauchen wir aber das Bündnis nicht in Frage zu stellen. Seine Zusage gilt, er macht sich uns gegenüber verbindlich – und in Jesus Christus wird dieses Bündnis Mensch, wird es leibhaftig – und das Wort ist Fleisch geworden ...

Das Fest der Taufe des Herrn steht am Ende des Weihnachtsfestkreises – für einige Wochen kehrt nun auch kirchlich der Alltag, die Zeit im Jahreskreis ein. Zugleich steht die Taufe Jesu am Beginn seines öffentlichen Wirkens. Die Kombination finde ich ganz spannend: Das Bündnis zwischen Gott und Mensch, der Heilige Bund, will im Alltag gelebt und bestanden sein. Und all die Feste, die wir in den vergangenen Wochen feiern durften, dienen nicht dazu, den Alltag zu vergessen, sondern wollen ganz im Gegenteil die Kraft für den Alltag geben, wollen die Kraft dafür geben, den Alltag anders anzugehen. Es hört nicht auf, sondern der Weg fängt an – so wie mit jeder Taufe ein Weg anfängt, ein Weg zwischen Gott und den Menschen, ein Bündnis der Liebe, ein heiliger Bund.

»Ich will einen ewigen Bund mit euch schließen« – die Zusage gilt. Sage ich wirklich »Ja« dazu?

(Statt Credo Tauferneuerung!)

Andrea Schwarz

Wahre Macht dient

Eigentlich ist es schon seltsam, was uns das heutige Evangelium berichtet: Jesus, der Sohn Gottes, der menschgewordene Gott, kommt zu Johannes, um sich taufen zu lassen. Er räumt einem anderen Macht über sich ein, reiht sich ein in die Schar der Menschen, wird scheinbar einer von vielen. Kein Wunder, daß Johannes, der die wahre Größe Jesu erkennt, sich wehrt, daß er nicht bereit ist, diese Rolle zu spielen. Aber dem Charme dieses Mannes scheint auch er sich nicht entziehen zu können, als Jesus zu ihm sagt:»Laß es nur zu!« Und:»Denn nur so können wir die Gerechtigkeit, die Gott fordert, ganz erfüllen!«

Die Linie, die schon bei Jesu Geburt grundgelegt wurde, setzt sich fort: Wenn Gott Mensch wird, dann wird er es ganz. Dann läßt er sich auf all das ein, was unser Mensch-Sein ausmacht. Dann wird er Kind, hilflos, verletzbar, bedürftig, angewiesen. Dann läßt er sich taufen wie alle anderen auch, stellt sich dem Ruf der Umkehr. Und so wird er sich wenige Jahre später auch dem Tod stellen. Er pickt sich nicht die Rosinen aus dem menschlichen Lebenskuchen heraus, sondern er gibt sich ganz hinein, ohne wenn und aber.

Er hätte es sich einfacher machen können: Warum nicht einfach als junger Mann auftauchen, als Wanderprediger durch Galiläa ziehend, einen Freundeskreis um sich sammelnd – und nach dem Abendmahl und noch vor all dem Leiden und Sterben klammheimlich wieder verschwinden? Nein, wenn Gott Mensch wird, dann macht er es ganz. Er setzt nicht auf Schönwetter-Solidarität, er teilt vorbehaltlos alles mit uns, unsere Verletzbarkeit, unsere Bedürftigkeit, unser Leiden, unseren Schmerz. Wenn Gott Mensch wird, dann wird er es ganz.

Gott wird Mensch, weil seine Größe so groß ist, daß er sich in unsere Kleinheit hinein begeben kann. Dann begrenzt er sich selbst in seiner Unendlichkeit, damit wir ihn begreifen können, dann kann er seine Größe lassen, um uns nahe zu sein.

Der große Gott macht sich klein, ganz klein. Und das ist wiederum zugleich Zeichen seiner Größe. Nur wer wirklich groß ist, kann sich klein machen, kann sich zurücknehmen, kann anderen neidlos ihren Platz, ihre

Aufgabe zugestehen. Deshalb kann Jesus sich auch am Jordan zurück-nehmen, kann selbst zulassen, was an ihm geschieht.

Es ist wahrhaft eine königliche Haltung, die Jesus hier zeigt. Er stellt seine Macht in den Dienst Gottes und der Menschen – er mißbraucht sie nicht, um selbst möglichst gut dazustehen, um möglichst viel Applaus zu bekommen, möglichst viel Anerkennung. Der wahre Herrscher dient dem Volk, dem liegt das Wohl seiner Untertanen am Herzen, der bereichert sich nicht auf Kosten anderer, der ist selbstlos. Der läßt sich in Dienst neh-men, um anderen dienlich zu sein.

Von dieser Haltung und Einstellung haben wir auch schon in der Lesung gehört: »Er bringt den Völkern das Recht, er schreit nicht und lärmt nicht, er zerbricht das geknickte Rohr nicht und löscht den glimmenden Docht nicht aus«.

Für mich sind diese Worte Trost und Herausforderung zugleich. Trost, weil ich weiß, daß ich, wenn ich mich Gott anvertraue, mich einem solchen wahren Herrscher anvertraue, der mir gut will, der sich nicht auf meine Kosten bereichert, der mich nicht ausbeutet, der mir Würde und Ansehen schenkt. Es ist ein Herrscher, ein Gott, dem ich mich gut anvertrauen kann, weil ich weiß, daß er mir gut will.

Aber diese Worte sind auch Herausforderung. Wenn ich in meinem Leben versuche, Nachfolge Jesu zu leben, dann ist eine Nachfolge auch in solchen »königlichen« Haltungen gefragt. Dann geht es nicht, daß ich auf Kosten anderer lebe, dann darf ich mich am anderen nicht bereichern, dann darf ich den anderen nicht dazu mißbrauchen, um selbst möglichst gut dazustehen. Dann heißt mein Engagement in der Gemeinde oder im Pfarrgemeinderat nicht, daß ich mehr Ansehen habe, sondern daß ich mich in Dienst nehmen lasse, daß ich mich gegebenenfalls auch zurück-nehmen kann, daß ich mit Macht, die ich aufgrund eines Amtes habe, so umgehe, daß sie dient – Gott und den Menschen.

Das heißt nicht, allen Erwartungen anderer an mich zu entsprechen, daß heißt nicht, es allen recht machen zu wollen, das ist nicht Friede, Freude, Eierkuchen. Das heißt in aller Radikalität, daß es um die Befreiung des Menschen zu mehr Lebendigkeit geht, jetzt, hier und heute – und dazu muß ich bereit sein, mich selbst von Gott zu mehr Lebendigkeit befreien zu lassen. Lebendigkeit, das ist nicht immer leicht und angenehm und nett – das kann auch ans Eingemachte gehen.

Aber: Das geknickte Rohr wird nicht zerbrochen und der glimmende Docht wird nicht gelöscht.

Andrea Schwarz

Treu sein in den Alltagsvollzügen

Das Fest »Darstellung des Herrn«, das wir genau 40 Tage nach Weihnachten feiern, erinnert noch einmal an die Weihnachtszeit. Jesus wird von seinen Eltern in den Tempel gebracht. Es ist ein weihnachtliches Fest außerhalb des Weihnachtsfestkreises.

Maria und Josef erfüllen die »normalen« kultischen Vorschriften – eine Frau galt nach der Geburt eines Sohnes für 40 Tage als unrein und mußte danach dem Priester ein Sündopfer übergeben, um wieder rein zu werden.

Und zugleich ging es um die Auslösung des Erstgeborenen – das Erstgeborene galt als Eigentum des Herrn und mußte mit entsprechenden Gaben ausgelöst werden.

Bereits um 400 n. Chr. ist das Fest bekannt. Im 5. Jahrhundert wird es unter dem Namen »Fest der Begegnung« gefeiert, Jesus begegnet das erstemal dem Tempel, dem Haus seines Vaters – und es ist die Begegnung mit Simeon und Hanna. Früh bekannt ist eine Lichterprozession, die eine alte heidnische Sühneprozession verdrängen sollte, und die an die Aussage Simeons erinnern soll: »Denn meine Augen haben das Heil gesehen, das du vor allen Völkern bereitet hast, ein Licht, das die Heiden erleuchtet, und Herrlichkeit für dein Volk Israel«.

Dann setzte sich für dieses Fest der offizielle Name »Maria Reinigung« durch, der aber von den Gläubigen aufgrund der mit diesem Tag verbundenen Kerzenweihe und Lichterprozession zu »Maria Lichtmeß« gemacht wurde. Erst in der Liturgiereform Ende der 60er Jahre bekam das Fest seinen heutigen Namen, »Darstellung des Herrn«, um damit nicht zuletzt deutlich zu machen, daß es sich um ein Herrenfest und nicht um ein Marienfest handelt.

Das zu wissen ist ja sicher nicht schlecht – aber es bleibt die Frage, was uns dieses Fest heute für unseren Alltag sagen will, wir brauchen ja den Erstgeborenen nicht mehr auszulösen, die Frau, die ein Kind geboren hat, muß kein Opfer mehr darbringen, um wieder rein zu werden.

Drei Dinge scheinen wichtig zu sein:

✩ So ungewöhnlich die Vorgeschichte ist, so wie sie von Lukas berichtet wird, die Verkündigung des Engels an Maria, die Verheißung der Geburt, Marias Besuch bei Elisabeth, die Geburt des Kindes im Stall, staunende Hirten und lobpreisende Engel – all dies scheint für Maria und Josef überhaupt kein Anlaß gewesen zu sein, sich aus den Alltagsvollzügen herauszubegeben, sich als etwas Besseres oder gar Erwähltes zu dünken. Nein, sie befolgen treu die Vorschriften, auch wenn die Vorgeschichte, weiß Gott, ungewöhnlich genug ist, sie stellen sich nicht heraus, sie gehen diskret mit ihren Erfahrungen um, sie sind und bleiben in einem guten Sinne demütig.

✩ Es mag sein, daß wir oft auf die ganz großen Gelegenheiten, die Glücksmomente, die intensiven Gipfelerfahrungen warten, um Gott zu erfahren, ihm zu begegnen. Und wir warten und warten und suchen und hoffen – und so kann es sein, daß wir manchmal Gott mitten in unserem Alltag, im Vollzug des alltäglichen Lebens gar nicht mehr wahrnehmen. Wir erwarten ihn in Verbindung mit dem ganz Großen, dem ganz Anderen – und finden und sehen ihn dann überhaupt nicht mehr. Aber mitten im Alltag kommt Gott zu Wort, inmitten der alltäglichen Routinen kann Gott sich plötzlich Bahn brechen, so daß einem die Augen aufgehen wie Simeon, daß sich das Warten und Ausharren, der lange Atem und die Geduld plötzlich erfüllen wie bei Hanna, mitten in der Normalität unseres Alltags kann auf einmal etwas geschehen, daß uns neu ins Hören und Sehen und zum Staunen bringt.

✩ Wichtig ist eine Treue zum Alltag, durchaus auch eine Treue zu den Routinen, die uns manchmal so langweilig zu sein scheinen, manchmal auch so ermüdend sind – andererseits aber gilt es, genau mitten in diesem Alltag offen und achtsam zu sein für das ganz Andere, das mir dort begegnen kann, und für seine Botschaft. Und dann kann es durchaus geschehen, daß mir beim Geschirrspülen plötzlich ein Freund einfällt und daß es vielleicht gut wäre, ihn mal wieder anzurufen – um es dann auch zu tun und zu hören, daß er krank ist. Und beim Schneeschippen hat man eine Idee und weiß plötzlich die Lösung für ein Problem. Man sitzt am Entwurf einer Predigt – und irgendwie kommt einem der Gedanke, ohne daß man es erklären könnte, daß man die Predigt jetzt einem Freund zufaxen sollte, um später zu erfahren, daß seine Woche mit Terminen vollgestopft war und er überhaupt nicht wußte, wann er denn die Sonntagspredigt hätte machen sollen.

Es geht darum, den Alltag nicht gering zu schätzen und ihn nicht verraten, indem ich immer nur auf Anderes, Besseres, Größeres warte. Es geht auch um eine Treue in den Alltagsvollzügen und nicht darum, mich nicht als etwas Besseres zu dünken. Es geht darum, hinzuhören und hinzuschauen, wo sich Gott in meinem Leben Bahn bricht.

Mitten im Alltag kommt Gott zu Wort – wenn ich mitten im Alltag achtsam bleibe für Gott.

Andrea Schwarz

6. KAPITEL

Gottesdienstimpulse und Weihnachtsvesper

Rorategottesdienste im Advent
»An der Schwelle zwischen Dunkel und Licht«

(Hinweis: Die Vorschläge entstammen einer Gottesdienstreihe zu diesem Thema. Es sind jeweils nur die »besonderen« Elemente aufgeführt, die das Thema aufgreifen, um die Ideen zu verdeutlichen)

Erster Gottesdienst: »Advent – die Tür zum Leben«

Eröffnung und Einstimmung
Durch wie viele Türen sind wir heute morgen schon gegangen?

Die letzte Tür war gerade diese Kirchentüre, durch die wir in diesen stillen Raum getreten sind: Sie hat sich uns geöffnet; so können wir jetzt hier sein.

Wir stehen im Advent. Als Kinder haben wir sicher alle die Türchen am Adventskalender geöffnet; heute erleben wir es vielleicht an den eigenen Kindern oder Enkeln. Wir sehen erst, was dahinter ist, wenn wir die Türe geöffnet haben. Die Adventsbotschaft hat etwas zu tun mit der Tür: Denn ER steht davor. »Macht hoch die Tür, die Tor' macht weit, es kommt der Herr der Herrlichkeit«. – »Macht weit die Pforten in der Welt: Ein König ist's, der Einzug hält«.

Lied: Gotteslob 107, 1 (»Macht hoch die Tür«)

Besinnung:
Eine Tür. Sie kann ein tiefes Symbol meines Lebens werden. Lassen wir uns von der TÜR ansprechen.

Wie viel glückliche Stunden verbringen Menschen hinter Türen. Aber wie viel Schicksale, welches Kreuz und Elend verbirgt auch die Tür.

Ein Pfarrer erzählt:

Ich wollte diesem Geheimnis auf die Spur kommen und bin eines Tages einmal bewusst durch die Straßen und Gassen unserer Gemeinde gegangen und habe mich von den Türen ansprechen lassen:

Hinter dieser Tür herrscht heute ein tolle Stimmung. Thomas feiert seinen 18. Geburtstag und hat deshalb viele Jugendliche zu einer Fete eingeladen. Dabei ist auch Tanja, die zur Zeit Stunk hat mit ihren Eltern. Deshalb hat sie ihre Haare grün färben lassen; sie weiß, daß sich die Eltern darüber maßlos aufregen.

Hinter der nächsten Tür herrscht große Trauer; vor einigen Tagen habe ich den Ehegatten beerdigt. Die Gattin ist immer noch untröstlich.

Hier weiß ich, daß heute der Fernsehapparat der einzige ist, der in der Wohnung spricht. Die beiden haben wieder einmal Ehekrach, der meist viele Tage dauert.

Hinter dieser Tür werden die drei Kinder schon selig schlafen; die Eltern werden miteinander besprechen, was sie momentan bewegt. Eine Familie, die viel Freude ausstrahlt.

An dieser Türe werde ich einmal klingeln. Hier bin ich zu jeder Zeit willkommen. Die Familie freut sich, und ich trinke mit ihnen ein Gläschen Wein. Hier kann ich auch manches los werden, was nicht aus der Tür herauskommt.

Ich gehe weiter und komme an der Tür eines großen Geschäftes vorbei. Es brennt noch Licht im Büro. Der Chef hat keine Zeit, nicht einmal am Abend, wenn andere Feierabend haben. Er ist angesehen, hat viel Geld. Ob er mit seinem Leben zufrieden ist? Ob er auch mal Zeit hat für sich und seine Familie?

Hinter dieser Türe gibt es bestimmt viel Freude. Vor einigen Wochen ist ein Baby angekommen; die Eltern und die beiden Geschwister freuen sich sehr darüber.

Hier wohnt ein einsamer Mann; er hat keine Kinder. Als ich ihn neulich traf, sagte er: Es ist kein Geschenk alt zu werden, es ist eine Last! Wie geht es ihm wohl jetzt?

Die vielen Türen der Wohnungen: Dahinter leben Menschen, die sich verstehen und sich gut sind, dahinter leben auch Menschen, die sich das Leben gegenseitig schwer machen, die einander die Türen zuschlagen.

Türen verbergen Schicksale, Freude und Trauer.

Ich komme wieder heim. Ich schließe meine Tür und bin in meinen eigenen vier Wänden: Gott sei Dank, ich habe etwas Ruhe. Ich darf allein sein.

Andere haben Angst ihre Tür zuzuschließen: Sie haben Angst vor der Einsamkeit und Leere; sie hätten gern einen Menschen, der sie besucht, aber es kommt keiner.
Die Tür ist zu.
Die Tür – welche Geheimnisse birgt sie?

Karlheinz Buhleier

Lied: Gotteslob 107, 4

Lesung Offenbarung 3,20

Gloria Gotteslob 110, 3 (»Gloria sei dir gesungen«)

Dank:
»Wie eine Tür möchte ich sein: Verschlossen dem Neid und der Habgier – geöffnet dem Schenken und Geben.

Wie eine Tür möchte ich sein: Kälte und Frost abwehren – schützen und bergen.

Wie eine Tür möchte ich sein: Verschlossen der Eigensucht und dem Hass – geöffnet der Nächstenliebe und dem Verstehen.

Wie eine Tür möchte ich sein, die dir, GOTT, ein Zuhause gibt – und dem Nächsten Liebe und Zeit und Geborgenheit.

Mächtiger Gott! Es gibt so viele Türen in deiner Welt: Türen, an denen es klopft, Türen als Schutz, hinter denen wir uns geborgen fühlen; zugeknallte Türen, die schmerzen. Nur Liebe öffnet alle Türen. Sie lässt uns auch erkennen, welche Türen wichtig sind. Hilf uns jetzt, die Tür zu einem erfüllteren Leben aufzustoßen und begleite uns, wenn die Tür für das neue Jahr aufgeht.

Zweiter Gottesdienst: »Advent – das Leben wagen«

Geschichte zur Einführung:
Die Probe wagen

Ein König stellte für einen wichtigen Punkt den Hofstaat auf die Probe. Kräftige und weise Männer umstanden ihn in großer Menge. »Ihr weisen Männer«, sprach der König, »ich habe ein Problem, und ich möchte sehen, wer von euch in der Lage ist, dieses Problem zu lösen«.

Er führte die Anwesenden zu einem riesengroßen Türschloß, so groß, wie es keiner je gesehen hatte. Der König erklärte: »Hier seht ihr das größte und schwerste Schloß, das es in meinem Reich je gab. Wer von euch ist in der Lage, das Schloß zu öffnen?«

Ein Teil der Höflinge schüttelte nur verneinend den Kopf. Einige, die zu den Weisen zählten, schauten sich das Schloß näher an, gaben aber zu, sie könnten es nicht schaffen. Als die Weisen dies gesagt hatten, war sich auch der Rest des Hofstaates einig, dieses Problem sei zu schwer, als daß sie es lösen könnten. Nur ein Wesir ging an dieses Schloß heran. Er untersuchte es mit Blicken und Fingern, versuchte es auf die verschiedensten Weisen zu bewegen und zog schließlich mit einem Ruck daran. Und siehe: Das Schloß öffnete sich.

Das Schloß war nur angelehnt gewesen, nicht ganz zugeschnappt, und es bedurfte nichts weiter als des Mutes und der Bereitschaft, dies zu begreifen und beherzt zu handeln.

Der König sprach: »Du wirst die Stelle am Hof erhalten, denn du verläßt dich nicht nur auf das, was du siehst oder was du hörst, sondern setzt selbst deine eigenen Kräfte ein und wagst eine Probe«.

Gloria: Gotteslob 107,5

Evangelium: Lk 11,5-8

Dritter Gottesdienst: »Advent – auf der Schwelle der Sehnsucht«

Geschichte zur Einführung:
Wo Himmel und Erde sich berühren

Es waren zwei Mönche, die lasen miteinander in einem Buch, am Ende der Welt gebe es einen Ort, an dem der Himmel und die Erde sich berühren. Sie beschlossen, ihn zu suchen und nicht umzukehren, ehe sie ihn gefunden hätten. Sie durchwanderten die Welt, bestanden unzählige Gefahren, erlitten alle Entbehrungen, die eine Wanderung durch die ganze Welt fordert, und alle Versuchungen, die einen Menschen von seinem Ziel abbringen können. Eine Tür sei dort, so hatten sie gelesen, man brauche nur anzuklopfen und befinde sich bei Gott. Schließlich fanden sie, was sie suchten, sie klopften an die Tür, bebenden Herzens sahen sie, wie sie sich öffnete, und als sie eintraten, standen sie zu Hause in ihrer Klosterzelle. Da begriffen sie: Der Ort, an dem Himmel und Erde sich berühren, befindet sich auf dieser Erde, an der Stelle, die uns Gott zugewiesen hat.

Evangelium: Mt 7,13-14

Text zum Dank:

Sehnsucht nach Dir

Du mein Gott, Dich suche ich
in allen Ereignissen will ich Deine Spur entdecken
mitten im Alltag in Berührung kommen mit Dir
dem großen Geheimnis meines Lebens

Oft fehlt mir dieses Urvertrauen
die Gewalt
die Fremdenfeindlichkeit
die Intoleranz der Menschen
erdrücken mich oft

Grund Dich noch mehr zu leben   *Pierre Stutz nach Psalm 63,2*

Vierter Gottesdienst: »Die Tür von Bethlehem«

(Hinweis: Dort, wo es möglich ist, kann über Overhead- oder Diaprojektor ein Bild vom Eingang der Geburtskirche in Bethlehem gezeigt werden)

Meditation:

Sie ist nur 1,30 m hoch – der Eingang zur Geburtskirche in Betlehem. Da erwarten wir eigentlich eine große Pforte, ein gewaltiges Tor – doch dann stehen wir vor dem kleinsten Eingang aller Kirchen. Ich muß mich bücken, wenn ich diese Kirche betreten will. Nur gebückt kann man den Raum betreten, in dem Gott Mensch wurde.

Die Tür von Betlehem ist ein Zeichen: Wer sich dem Geheimnis der Geburt Jesu nähern will, kann nicht hoch zu Ross kommen.

Diese kleine Tür von Betlehem macht für mich deutlich: Ich muß mich bücken, um dem menschgewordenen Gott zu begegnen, meine Titel ablegen, meine Überheblichkeit draußen lassen. Ich muß mich beugen, verbeugen vor einem anderen und vor der Würde eines jeden anderen – ganz gleich wer er oder sie ist.

Um Gott zu begegnen, muß ich auf den Boden schauen, den Alltag in den Blick nehmen, das scheinbar Bedeutungslose.

Wer durch die Tür von Betlehem gehen will, will dem begegnen, der sich herabgebeugt hat zu den Kindern, zu dem Blinden am Wegrand, zu der gekrümmten Frau, zur bloßgestellten Ehebrecherin.

Ein Schüler fragt den Rabbi: »Meister, früher gab es Menschen, die Gott von Angesicht zu Angesicht gesehen haben. Warum gibt es das heute nicht mehr?«

Darauf antwortete der Rabbi: »Weil man sich tief bücken muß, um ihn zu sehen!«

Lied: Gotteslob 116, 1 – 4 (»Gott, heiliger Schöpfer aller Stern«)

Evangelium Mt 11,2-5

Alle Gottesdienste: Albin Krämer

Kolping Gedenktag am 4. Dezember

Zum Kyrie

PRIESTER: Wir haben alle unsere Grenzen. Wir brauchen alle
Vergebung und Rückgrat. Im Vertrauen auf die Fürbitte
der Gottesmutter Maria, des hl. Josef als des Patrons des
Kolpingwerkes, und des seligen Adolph Kolping bitten wir
Gott um Erbarmen.

1. SPRECHER Adolph Kolping sagt:»Auf dem Glauben ruht das Leben;
das soziale Leben ist der lebendige Ausdruck des
Glaubens, mag es beschaffen sein, wie es will«.
In Taufe und Firmung sind wir alle berufen, am Aufbau
der Kirche mitzuwirken. Laß uns diese Verantwortung
immer tiefer erkennen und in der Kraft deines Geistes ins
Werk setzen an dem Platz, an dem wir stehen und mit den
Möglichkeiten, die wir haben.
Herr erbarme Dich

ALLE: Herr erbarme Dich

2. SPRECHER Adolph Kolping sagt:
»Könnten wir dahin wirken, daß die Familien wieder das
sind, oder das würden, was Gott will, das sie sein sollen,
dann hätten wir in der Hauptsache die Menschheit und
die Gesellschaft gerettet«.
Segne unsere Familien, daß Eltern und Kinder in
gegenseitiger Liebe, Ehrfurcht und Achtung miteinander
leben und dadurch den Geist Jesu Christi in unsere
Gesellschaft hineintragen.
Christus erbarme Dich

ALLE: Christus erbarme Dich

3. SPRECHER. Adolph Kolping sagt:
»Wohin Gott den Menschen stellt, dort ist sein Beruf, dort
gedeiht er am besten, dort soll er seine Kräfte entfalten«.
Erfülle in deinem Geist Arbeitgeber und Arbeitnehmer,
daß sie sich einsetzen für Solidarität und soziale
Gerechtigkeit am Arbeitsplatz und für gerechte Verteilung

der Arbeit, damit alle Menschen Arbeit erhalten.
Herr erbarme Dich
alle: Herr erbarme Dich

Adventsgebete

Eröffnungsgebet:
Guter Gott, du bist das Licht in unserem Dunkel, die zarte Stimme im Lärm unseres Alltags, Weg im Weglosen. Wir glauben dir und glauben an dich. So bitten wir: Nimm unsere Bitten an am heutigen Tag. Wandle uns. Hilf uns, auf dich zu hören, ja, hilf du uns auf-zu-hören. Wenn wir heute bitten, dann lassen wir uns und unser Wollen. Entscheide du, was gut für uns ist. Du liebst uns und bist vertraut mit all unseren Wegen. Bleib du uns ein treuer Gott. Darum bitten wir dich ...

Gabengebet:
Guter Gott, du schenkst dich uns unendlich, unbegrenzt, grenzenlos, weil du uns liebst. Du rufst und lockst uns ins Leben hinein, ermutigst uns, das Dunkel zu verlassen, lädst uns ein zum Fest des Lebens. In Brot und Wein bringen wir dir unsere Gaben, uns selbst mit all unseren Grenzen, mit dem, was wir sind und wie wir sind. Nimm unsere Gaben an und verwandle sie. Nimm uns an und verwandle uns. Darum bitten wir ...

Schlussgebet:
Guter Gott, wir danken dir für dein Mitgehen auf unserem Weg, für dein Licht in der Dunkelheit, für deine leisen Töne in der lauten Welt, für dein Vertrauen in uns, wenn du dich uns schenkst.

Sei bei uns und mit uns, wenn wir uns in diesen Tagen des Advents neu auf den Weg machen, auf den Weg zu dir. Öffne unsere Augen und Ohren, öffne unsere Hände und unsere Herzen, damit in diesen Tagen des Erwartens Weihnachten in uns wachsen kann. Darum bitten wir ...

Weihnachtsvesper mit Luzernarium

Da eine solche Form der Vesper mit einem Luzernarium für unsere Gemeinden in Viernheim neu war, hatten wir im Liedheft die folgenden beiden Beiträge veröffentlicht, um damit ein besseres Mitfeiern zu ermöglichen:

Luzernarium

Das abendliche Lichtanzünden hatte zu früheren Zeiten eine ganz praktische Bedeutung für die Menschen. In der Dunkelheit wurde das Licht dankbar begrüßt, es gab Trost, schenkte Sicherheit, war damit Anlaß für Lob und Dank.

Das Luzernarium, die »Lichtfeier«, ist eine Form des Abendlobs der Kirche, die bereits seit dem 2. Jhdt. bekannt ist. In ihrer Form gehen diese Lichtdanksagungen auf das Vorbild der jüdischen »Berakah« zurück.

Daraus entwickelte die frühe Kirche das Luzernarium, in dem das Lob und der Dank für das Licht auf Jesus Christus übertragen wurde, der das Licht in die dunkle Welt brachte. Diesen Gedanken finden wir auch heute noch im Ritus der Osternacht.

Seit dem 4. Jhdt. besteht das Luzernarium in der Regel aus einer Prozession mit Einzug des Lichtes, einem Lichthymnus, einer Danksagung für das Licht, dem Psalm 141 (dem klassischen Abendpsalm), Fürbitten und dem Segen. Das Luzernarium kann liturgisch gesehen sowohl für sich stehen als auch in Verbindung mit einer Vesper gefeiert werden und greift damit sehr frühe Formen des Christentums auf.

Vesper

In fast allen Kulturen und Religionen haben die Menschen dem Anbruch des Tages und dem Hereinbrechen der Nacht eine besondere Bedeutung gegeben. Es war ein Moment des Innehaltens, des »sich-zurückbesinnens« auf das, was das Leben eigentlich hält und trägt, welchen Namen diese Kraft auch immer haben mag.

In der katholischen Kirche hat sich dies in den Gebetszeiten der Laudes, der Vesper und der Komplet verwirklicht, dem Morgen-, Abend- und Nachtgebet der Kirche. Diese Gebetstradition wurde über Jahrhunderte hinweg vor allem durch die Orden gepflegt sowie von den Priestern und Diakonen erwartet (»Brevier beten«).

Das Zweite Vatikanische Konzil und die damit verbundene Erneuerung der Liturgie hat unmißverständlich klargestellt, daß das Stundengebet ein Anliegen aller Christen sein müßte, die auf diese Weise mit, in und für die Kirche beten. Dort, wo eine Gemeinde das Stundengebet pflegt, verbindet sie sich mit der Kirche – und eröffnet zugleich für sich selbst neue liturgische Formen.

Vorbereitung: Wie bei den Rorateämtern stehen für alle Teilnehmer Kerzen bereit, die Kirche ist nur spärlich erleuchtet, der Altarraum ist freigeräumt (Stolpergefahr!), auf dem Altar stehen sechs Kerzen, vor dem Altar steht eine Weihrauchschale.

Fünf Minuten vorher wird die tiefste Glocke geläutet, zum Beginn werden alle Lichter in der Kirche gelöscht.

Einzug mit meditativem Orgelspiel vom Haupteingang her.

Eröffnungsruf des Priesters: Oh Gott, komm mir zu Hilfe!
Antwort der Gemeinde: Herr, eile mir zu helfen.
Ehre sei dem Vater, ...Wie im Anfang ...

Die Meßdiener bleiben an den Altarstufen stehen, der Priester entzündet am Ewigen Licht eine Kerze

1. Lichtruf des Priesters – Antwort der Gemeinde

Wie Weih - rauch stei - ge mein Ge - bet vor dir auf.

mein Herr und mein Gott. (Hal - le - lu - ja.)

Anzünden der Kerzen auf dem Altar.

2. Lichtruf und Antwort

Die Meßdiener gehen in den Altarraum und zünden ihre Kerzen an

3. Lichtruf und Antwort

Zwei Meßdiener geben das Licht an die Gemeinde weiter, einer entzündet die Kerzen an den Seitenaltären – Priester und Meßdiener gehen an ihre Plätze.

Lichthymnus

Licht, freundlich leuch - tend, aus hei - li - ger Herr - lich - keit, des un - sterb - li-chen Va - ters, des himm - li-schen, hei - li-gen, se - li - gen:

Du Je - - - - sus Chris - tus!

Ge - kom - men zur Stunde, da die Sonne un - ter -

geht, vor Au - gen das Licht, am A - bend ent - zün -

det, sin - gen wir Lob dem Va - ter

und dem Sohn und Got - tes Hei - li - gem Geist.

Wür - dig bist Du, zu al - len Zei - ten ge-prie - sen
zu wer-den mit from - men Ge - sän - - gen, Got -
tes - sohn, Du gibst das Le - - - ben;
des - halb ver - herr - licht Dich das All.

Gebet der Lichtdanksagung durch den Priester am Altar:

Vom Aufgang der Sonne bis zu ihrem Untergang sei dein Name gepriesen,
Ewiger, Schöpfer der Welt, Quelle allen Lebens.
Du bist das Licht, und auch die Finsternis ist für dich nicht finster.
Im Anfang hast du alles ins Dasein gerufen: Himmel und Erde – Sonne,
Mond und Sterne.

Durch dein Wort läßt du das Licht vor der Finsternis weichen und die Finsternis vor dem Licht.

Mit deiner Sonne erhellst du unsere Tage und, der Feuersäule gleich, leuchtest du uns in der Nacht.

Du aber – du wohnst in unzugänglichem Licht. Dunkel erscheinst du uns, denn unsere Augen sind nicht geschaffen, deinen blendenden Glanz zu ertragen. Kein Mensch hat dich je gesehen.

Wir danken dir, daß du aus deiner Verborgenheit herausgetreten bist.

Deine Herrlichkeit und deine Menschenfreundlichkeit sind uns aufgeleuchtet auf dem Gesicht eines Menschen: Jesus von Nazareth,

– Licht vom Licht,

– Licht, das die Nacht erleuchtet, indem es selbst verbrennt,

– Licht und Leben für die ganze Welt

Wir bitten dich, Vater, nimm an dieses Licht, das wir am Abend mit Freude und Dank entzündet haben und in dem wir wie in einem Spiegel dein Licht schauen.

Gib, daß wir ihn, Jesus Christus, vor Augen haben – ob wir nun wachen oder schlafen.

Laß uns von ihm Licht empfangen: die Kraft zur Hingabe – die Hoffnung auf Leben.

Laß uns dieses Licht weitergeben und so mit brennenden Lampen den Morgen des Tages erwarten, dem kein Abend mehr folgt.

Dann dürfen wir dich in unverhülltem Glanz schauen von Angesicht zu Angesicht und dich loben, den Vater durch den Sohn im Heiligen Geist von Ewigkeit zu Ewigkeit.

Alle: Amen.

Kurze Stille, der Priester bringt dann in der Schale das Weihrauchopfer dar. Dazu wird der Weihrauchpsalm 141 gesungen.

Wie Weih - rauch stei - ge mein Ge - bet vor dir auf.

mein Herr und mein Gott. (Hal - le - lu - ja.)

Herr, ich rufe zu dir. Eile mir zu Hilfe;
* höre auf meine Stimme, wenn ich zu dir rufe!
Wie ein Rauchopfer steige mein Gebet vor dir auf;
* als Abendopfer gelte vor dir, wenn ich meine Hände erhebe.
Herr, stell eine Wache vor meinen Mund,
* eine Wehr vor das Tor meiner Lippen!
Gib, daß mein Herz sich bösen Worten nicht zuneigt,
* daß ich nichts tue, was schändlich ist,
zusammen mit Menschen, die Unrecht tun.
* von ihren Leckerbissen will ich nicht kosten.
Der Gerechte mag mich schlagen aus Güte:
* wenn er mich bessert, ist es Salböl für mein Haupt;
da wird sich mein Haupt nicht sträuben.
* Ist er in Not, will ich stets für ihn beten.
Haben ihre Richter sich auch die Felsen hinabgestürzt,
* sie sollen hören, daß mein Wort für sie freundlich ist.
Wie wenn man Furchen zieht und das Erdreich aufreißt,
* so sind unsre Glieder hingestreut an den Rand der Unterwelt.
Mein Herr und Gott, meine Augen richten sich auf dich;
* bei dir berge ich mich. Giß mein Leben nicht aus!
vor der Schlinge, die sie mir legten, bewahre mich,
* vor den Fallen derer, die Unrecht tun!
(Die Frevler sollen sich in ihren eigenen Netzen fangen,
* während ich heil entkomme.)

Gebet des Priesters zum Weihrauchopfer:

Wie Weihrauch steige unser Gebet auf zu dir,
als abendliches Opfer nimm an die Reue unseres Herzens:
Gesündigt haben wir,
Unrecht haben wir getan,
beladen mit Schuld stehen wir vor dir,
heiliger, gerechter, barmherziger Gott.
Laß die Sonne nicht untergehen über deinem Zorn!

Denk an dein Erbarmen,
denn wolltest du der Sünden gedenken -
Herr, wer würde dann noch bestehen?
Schau auf deinen Sohn, den du für uns zur Sühne gemacht hast!
Am Abend seines Lebens hat er sich dir hingegeben als wohlriechendes
Weihrauchopfer.
Am Kreuz hat er für uns betend die Hände zu dir erhoben.
In seinen ausgespannten Armen hast du alle Menschen in Liebe umarmt
und die Welt mit dir versöhnt.
Schaffe unser Herz neu durch deinen heiligen Geist und erfülle es mit der
Glut deiner Liebe.
Mache uns zu einem Weihrauchopfer für dich, von dem der
friedensstiftende und lebensspendende Wohlgeruch Christi ausströmt.
Darum bitten wir dich durch Jesus, deinen Sohn, unseren Bruder und
Herrn, der mit dir lebt und herrscht in der Einheit des Heiligen Geistes von
Ewigkeit zu Ewigkeit. Amen.

*Die Weihnachtsvesper wird dann wie normal fortgesetzt, der erste Psalm wird
allerdings weggelassen. Zum Magnificat werden die Lichter des Weihnachtsbaumes
eingeschaltet und es wird nochmals Weihrauch aufgelegt.*

Fürbittlitanei:

PRIESTER: Um den Frieden der Herzen, den Frieden der Familien, den
Frieden der Völker – laßt uns zum Herrn beten.
ALLE: Herr, erbarme dich.
PRIESTER: Für die Jungen und die Alten ...
Für die Satten und die Hungernden ...
Für die Überlasteten und die Arbeitslosen ...
Für die Fröhlichen und die Verzweifelten ...
Für die Geborgenen und die Heimatlosen ...
Für die Frommen und die Sünder ...
Für die Gesunden und die Kranken ...
Für alle, die sich der Leidenden annehmen ...

Für alle, die im öffentlichen Leben Verantwortung tragen ...
Für alle, die auf der Suche sind nach Gott ..
Für Israel, Gottes auserwähltem Volk ...
Für die eine, heilige Kirche Gottes auf dem ganzen
Erdenrund ...
Für alle, die in der Kirche ein Amt haben ...
Für alle, die die Frohe Botschaft in den Missionsländern
verkünden ...
Für alle, die um ihres Glaubens willen verfolgt werden ...
Für alle, die Christus in Armut, Ehelosigkeit und Gehorsam
nachfolgen ...
Für alle, die ihm in Ehe und Familie dienen ...
Für unsere Gemeinde ...
Für unsere Eltern, Verwandten, Freunde und Wohltäter ...
Für den, der jetzt neben uns steht ...
Für den aus unserer Mitte, der zuerst vor Gottes Richterstuhl
treten wird ...
Für die in dieser Nacht Sterbenden ...
Für alle Opfer von Krieg und Gewalt ...
Für alle Toten und die um sie trauern ...
Für alle, deren niemand in Liebe gedenkt ...

Vaterunser

Oration:
Allmächtiger Gott, du hast den Menschen in seiner Würde wunderbar
erschaffen und noch wunderbarer wiederhergestellt. Laß uns teilhaben an
der Gottheit deines Sohnes, der unsere Menschennatur angenommen hat.
Er, der in der Einheit des Heiligen Geistes mit dir lebt und herrscht in alle
Ewigkeit.
Amen.

Segen:

Der Herr segne und erleuchte uns.
Er lasse uns im Licht der Kerzen
seinen Blick spüren
und schenke uns Freude daran.
Er lasse uns selber Licht sein für die Welt,
damit die Menschen Seine Schönheit ahnen
und sich wohl fühlen, mit uns zu sein.
Er lasse uns mit brennenden Lichtern
– Zeichen unseres Vertrauens und Glaubens an ihn –
Ihm entgegengehen,
dem Gott und Freund, der kommt und einlädt
zum großen Fest an Seinem Tisch.
Dazu segne uns Gott,
der selber als Licht in unsere Nacht gekommen ist
und dessen Schein nie untergeht:
Vater, Sohn und Heiliger Geist.

(Herbert Jung)

Schlußlied: Gotteslob 134 (»Lobt Gott, ihr Christen, allzugleich«)

Andrea Schwarz/Angelo Stipinovich

Die Autoren und Autorinnen

Bechthold, Erhard geb. 1958, Priesterweihe 1986, von 1988 bis 1998 in Konstanz im Schuldienst tätig, seit 1999 in Karlsruhe Religionslehrer und Schulseelsorger

Benedikt, Nettebrock OSB geb. 1954, seit 1976 bei den Missionsbenediktinern in St. Ottilien (Oberbayern), derzeit Leiter des Bildungshauses Kloster Jakobsberg. Frühere Tätigkeiten: Noviziatsleiter in St. Ottilien/Hausoberer des Studienhauses der Ottilianer Benediktiner in München. Seit 1995 (bis Herbst 2000) auf dem Jakobsberg im Bereich der Erwachsenenbildung, der Einzelexerzitienbegleitung und der Geistlichen Begleitung tätig.

Buhleier, Karlheinz †, gest. am 19. Juli 1999, Pfarrer in Alzenau, Autor mehrerer Bücher und Mitarbeiter bei verschiedenen theologischen Zeitschriften – Der Beitrag S.64-67 wurde erstmals veröffentlicht in: »Praxis in der Gemeinde«, Heft 4, 1999, S.61f. Verlag Matthias Grünewald.

Busalt, Dorothea Gemeindereferentin in St. Hildegard, Viernheim seit 1997, vorher in der Nachbargemeinde tätig, verheiratet, 2 Kinder im Alter von 2 und 5 Jahren

Hart, Thomas Jahrgang 1970, aus Schwanfeld bei Schweinfurt. Ausbildung als Erzieher, Studium der Religionspädagogik in Eichstätt mit Ziel Gemeindereferent. Praktikumsjahr in Leinach

Klement, Dieter verheiratet mit Karin Klement, 4 Kinder Johannes, Barbara, Christoph und Franziska; seit 1987 ständiger Diakon, vorher Gemeindereferent; Arbeitsfelder Caritas, Kinder- und Jugendarbeit, Kindergottesdienstkreis, Gottesdienste, Kasualien u.v.m.

Kohl, Dr. Peter geb. 1958, Pfarradministrator der Pfarrei St. Stephan in Freiburg-Munzingen, Dozent für Pastoraltheologie an der Fachakademie zur Ausbildung von Gemeindereferenten, Supervisor (DGSD).

Kohl, Herbert geboren 1964 in Trösel (Odw.) Vater von drei Kindern und mit »Leib und Seele« Gemeindereferent in Viernheim, St. Michael.

Krämer, Albin geboren 1957, Pfarrer in den Leinacher Pfarrgemeinden seit 1987; Diözesanpräses der Katholischen Arbeitnehmerbewegung (KAB) und Leiter der Betriebsseelsorge seit 1996

Schwarz, Andrea geb. 1955, Industriekaufmann und Sozialpädagogin, lange Jahre ehren- und hauptamlich in der katholischen Jugendarbeit tätig, pastorale Mitarbeiterin in den beiden Pfarrgemeinden St. Hildegard und St. Michael in Viernheim, nebenbei freiberufliche Tätigkeit als Schriftstellerin, Supervisorin und in der Aus- und Weiterbildung kirchlicher Mitarbeiter

Stipinovich, Angelo geb. 1964 in Pretoria/Südafrika; zum Priester geweiht in der Diözese Mainz. Seit 1999 Pfarrer der Gemeinden St. Michael und St. Hildegard in Viernheim.

Weber, Dr. Paulus-Thomas geboren 1962, frühe Beschäftigung mit Musik und Naturwissenschaften, Studium der Theologie und Philosophie, Priesterweihe in Maria Laach, gruppenpädagogische und tiefenpsychologische Ausbildung, vielfältige Bildungsarbeit in Seminaren und Konzerten, Schwerpunktarbeit in einer heutigen Sicht vom Menschen, sowie in der Entwicklung einer eigenen Klang-Pädagogik.

Quellenhinweise

S. 18: G.B. Fuchs, Das Lesebuch des Günter Bruno Fuchs. © Hanser Verlag 1970

S. 20: W. Trilling, Geistliche Schriftlesung – Das Evangelium nach Matthäus, Band 1.
© Patmos Verlag 1962

S. 21: Raymond E. Brown; aus: Der kommende Christ. © Verlag Echter 1997

S. 23: Hilde Domin, Nur eine Rose als Stütze. Aus: dies., Gesammelte Gedichte.
© S. Fischer Verlag GmbH, Frankfurt am Main, 1987

S. 24: Rainer Bareis/Paul Grostefan, Weihnachten entgegen gehen.
© Sadifa Media Verlag 1999

S. 24: Karl Rahner, Das große Kirchen jahr. © Verlag Herder 1987

S. 27: Jörg Zink, aus: Zwölf Nächte. © Verlag am Eschbach 1991

S. 29: Gebet eines Indianers; aus: elemente – Stundenbuch für junge Leute,
hgg. von Helga Kiesel und Raimund Klinke

S. 30: H. F. Brock, Augenblicke mit Jesus. © Verlag Kösel 1997

S. 32: Rudolf Otto Wiemer, Was ich mir wünsche; aus: Ernstfall.
© J.F. Steinkopf Verlag, Stuttgart 1963

S. 32: Joachim Dachsel, Spuren im Spiegellicht. © Union Verlag 1982

S. 34: Karl Rahner, Das große Kirchenjahr. © Verlag Herder 1987

S. 42: Marie Luise Kaschnitz: Überallnie; Ausgewählte Gedichte 1928 – 1965.
© 1965 Claassen Verlag

S. 57: lichteinfall, von Wilhelm Willms; aus: Wilhelm Willms, meine schritte kreisen um
die mitte. neues lied im alten land. © 1984 Verlag Butzon & Bercker, Kevelaer, S. 89 f.

S. 126: Antoine de Saint-Exupéry, Der Kleine Prinz.
© 1950 und 1998 Karl Rauch Verlag Düsseldorf

S. 153: Psalm 141; aus: Deutscher Singpsalter. © Verlag Herder 1985

Verzeichnis der Bibelstellen

Die Bibeltexte sind der Einheitsübersetzung entnommen, ausgenommen der Text S. 43 (eigene Übertragung von Paul-Thomas Weber, Erlabrunn).

Weitere Bücher von Andrea Schwarz

Mit Handy, Jeans und Stundenbuch
Persönliche Erfahrungen mit dem pastoralen Alltag
Gemeinsam mit Angelo Stipinovich
2000, Format: 13,9 x 21,4 cm, 200 Seiten, Paperback
ISBN 3-451-26973-2
Konkrete Erfahrungen mit einem Stil der Seelsorge, der im gemeinsam verbindenden
Glauben gründet, und doch nicht gleichmachen will: Die Unterschiede zwischen Prietern
und Laien sollen nicht verdeckt werden, sondern ein vielfältiges Angebot und bunte
Möglichkeiten aufzeigen. Die Formen, die die beiden Autoren wählen, sind ebenso
vielfältig. Es sind Briefe, Texte, Zitate, Predigten, Gebete und zahlreiche
Sachinformationen.

Vom Engel, der immer zu spät kam
Meine schönsten Weihnachtsmärchen
5. Auflage 2000, Format: 13,9 x 21,4 cm, 128 Seiten, Halbleinen mit Leseband
ISBN 3-451-26461-7
Moderne Weihnachtsmärchen, wie es nur wenige gibt: fröhlich und frech, anrührend und
amüsant, heiter und hintergründig. Illustriert von Jules Stauber verspricht dieses Buch
ein wahrhaft himmlisches Lesevergnügen.

Wenn ich meinem Dunkel traue
Auf der Suche nach Weihnachten
Neuausgabe 1999, Format: 10,6 x 19,8 cm, 120 Seiten, Halbleinen
ISBN 3-451-26716-0
Die beliebte Autorin kommt dem verborgenen Sinn von Weihnachten wieder auf die
Spur, und scheinbar eingefahrene Bräuche werden von neuem lebendig. Eine Geschenk-
Ausgabe, die den festen Glauben an die Kraft des Wünschens in sich birgt.

HERDER